JN041936

リベラルアーツの法学

自由のための技法を学ぶ

松田浩道［著］

LAW IN LIBERAL ARTS
CRITICAL THINKING IN PURSUIT OF FREEDOM
BY MATSUDA HIROMICHI

東京大学出版会

Law in Liberal Arts:
Critical Thinking in Pursuit of Freedom
MATSUDA Hiromichi
University of Tokyo Press, 2022
ISBN 978-4-13-032395-6

はじめに

世界人権宣言（1948）
第1条　すべての人間は、生まれながらにして自由であり、[……]

1　リベラルアーツは何を目指すか

　皆さんはいま、自由でしょうか？「自由である」と思う方は、その根拠を説明することはできるでしょうか。「自由ではない」とすれば、なぜそう思われるのでしょうか。

　リベラルアーツとは**人間が自由な人格であるために身につけるべき学芸**を指し、これまでに何千年にもわたる議論と実践の蓄積があります（参照、大口 2014、石井・藤垣 2016 等）。現在では、世界各地で特色ある多様なリベラルアーツ教育が模索されています（Nishimura, Sasao eds. 2019）。

　本書は、筆者の教育実践をもとにした、**一般教育**（General Education）における「リベラルアーツの法学」の試みです。以下、(1) 自由の探求、(2) 古典の重視、(3) 学際性の重視、という 3 つの観点から、「リベラルアーツの法学」は何を目指すか、考察します。

(1) 自由の探求

　リベラルアーツの目標は、人間がさまざまな拘束から解放され、自由になることです。日本におけるリベラルアーツの確立に大きく貢献した矢内原忠雄は、教育の目標について次のように述べています。

矢内原忠雄 1964［1948 年の講演］「教育の目標について」『矢内原忠雄全集　第 21 巻　教育・大学・学生』岩波書店、201-202 頁
　自由ということは、人間の生活、ことにその精神に関しての、最も大切な

ことがらであります。いかなる利益をもってさそわれても自己を捨てない、また、いかなる権力をもって圧迫されても自己を守ることが「自由」であります。平和ということは、人と人との交際における基本的なあり方であって、人が人をしいたげ、あるいは憎むということが、社会の秩序をみだしたり、世界に戦争をもたらしたりするもとであります。真に自由な人間は、平和をつくることができます。個人として、国民として、また人類の一員としての最も望ましい目標は、自由でしかも平和な社会をつくることでありましょう。［……］

　私は、こうした精神を身につけるようにすることが教育であると考えています。教育には、生活するための技術を身につけさせる「職業教育」と、それを支える人間をつくりあげる「人間教育」とが考えられます。前者が、自分自身に適した職業をえらばせ、そのエキスパートをつくりあげるという意味で、非常に大切なものであることはいうまでもありませんが、同時に、後者によって、職業よりも、もっと基本的な、人間としてのあり方、生き方を身につけさせることが、より必要だと思います。

　矢内原は、「自由でしかも平和な社会をつくること」という目標を示しています。こうした精神を目指す教育のなかでも、人間としてのあり方、生き方を探求する教育が人間教育と呼ばれます。一般教育が目指しているのも、**平和をつくることができるような真に自由な人間**を育てること、といえるでしょう。

　このような理念のもと、どのような一般教育を行うべきか、さまざまな考え方があります[1]。一般教育は多様なものであるべきですが、本書は特に、容易に答えの出ない最先端の現代的課題に取り組むべく、古典に学ぶこと、そして、学際的に学ぶことを重視しています。

(2) 古典の重視

　リベラルアーツにおいては、優れた古典に触れ、他者と対話し、自分自身の考えを説得的に表現することが重視されます。古典を読むことは、先人の深い洞察を手引きとして、われわれ自身の人間性を再発見することです。ル

---

1)　例えば、C. W. アイグルハート 1990、絹川 2018、伊東・森島 2019。

ネサンス研究で知られるガレンは、「古代作家を読む」ことについて以下のように述べています。

エウジェニオ・ガレン（近藤恒一訳）2002［原書 1957］『ルネサンスの教育
──人間と学芸との革新』知泉書館、71-72 頁

　教養というものは、なにかすでに発見された確定的なものを受動的に受けとめることにあるのではなく、行動し発見し認識する能力を身につけることにある。なぜなら、人間を人間たらしめるものは、探究であり、不断の活動性であって、なにかを最終的に所有することではないからである。

　［……］いつも自由な態度で認識能力をきたえていく、そのための最良の方法は、かつて人間性の頂点をきわめた人たちがどのようにして認識をえていったのかを観察し、かれらの状況とわれわれの状況、かれらの人間性とわれわれの人間性を比較検討しつつ、認識能力を習得していくという方法であろう。［……］

　要するに、教養とは人間形成なのである。そして人間形成は、先人の深い模範的諸体験を手びきとしてわれわれ自身の人間性を再発見することをつうじてなされるのである。［……］そして、いかにして自由な人間を育成するかが問題となる。

　リベラルアーツは、古典を通じて自由な態度で認識能力をきたえ、未知の課題を発見し、学際的な分析を深めたうえで、より良い世界のために行動することを目指します。このような考え方に基づき、本書は古今東西の古典を幅広く紹介しながら、「法」を切り口にしつつ、人間の目指すべき自由とは何かを探求していきます。

　古典は過去に書かれたものですが、リベラルアーツにおける古典の探究は、いまだ答えが出ていない最先端の現代的課題に取り組むことにつながっています。このことを意識しつつ、本書は哲学、政治、歴史といった伝統的な学問分野から始まり、ジェンダー・セクシュアリティ、メディア・コミュニケーションといった現代的な課題に展開していきます。

(3) 学際性の重視

　容易に答えの出ない現代的課題に取り組むためには、古典と並び、分野を横断して学際的に取り組んでいくことが重要になります。もはや一つの専門

分野だけでは対応しきれないほど、現代社会は複雑化しているからです。

　もっとも、高度な専門分化が進んだ現在、学問の全体像を俯瞰することは極めて難しくなっています。そこで本書は、日本学術会議による「大学教育の分野別質保証のための教育課程編成上の参照基準[2]」(以下、「参照基準」と表記します)を手がかりにしました。「参照基準」は、次のような考え方に基づき、各分野の第一人者によって作成されています。

> 　学問とは、その知的生産物とともにそれ自体が人類の知的公共財であり、世界(人間、社会、自然)を知り、世界に関わるための知的営為である。それぞれの分野には、固有の哲学・方法論が存在している。それはすなわち、当該分野に固有の「世界の認識の仕方」、あるいは当該分野に固有の「世界への関与の仕方」とも言うべきものであり、当該分野に関わるすべての教育課程が共有すべき「基本」であり、「核心」であり、「出発点」となるものである。(日本学術会議 2010：5頁)

　リベラルアーツは、「ただ多くの知識を所有しているという静的な知性のありようではなく、さまざまな境界を横断して複数の領域や文化を往き来する思考や感性の運動そのもの[3]」です。ここでは、個別分野の知識を結びつけて課題に挑戦する能力、そして、対話をしながら**協働する知性**が目標になります。

　こうして、リベラルアーツにおいては、最先端の現代的課題につながるような鋭い問いを立てること、問いに対して古典を通じて考えること、一つの専門にとどまらずに学際的な視点から対話を通じて考えることが重要になります。

2　本書の使い方

　以上のような考え方に基づき、本書は各章の冒頭にディスカッション・クエスチョンを掲げ、それらの問いを考えるための素材となる引用文を掲げて

---

[2] 「参照基準」について詳しくは、大学教育の分野別質保証委員会　http://www.scj.go.jp/ja/member/iinkai/daigakuhosyo/daigakuhosyo.html (2022年1月28日アクセス)

[3] 石井洋二郎「グローバル化時代のリベラルアーツ」教養学部報第561号　https://www.c.u-tokyo.ac.jp/info/about/booklet-gazette/bulletin/561/open/B-1-1.html (2022年1月28日アクセス)

います。古典と最新の議論の両方をなるべくバランスよく紹介するとともに、対話の手引きとなるよう、複数の考え方の筋道を示すようにしました。

　リベラルアーツには一つの定まった学び方や順序があるわけではなく、一人ひとりが知的好奇心に基づいて自分なりの学びをデザインすることが大切になります。本書では、原則として抽象的・理論的な問題を前半に、具体的・現代的な課題を後半に配列してありますが、読み方に決まった順序はありません。すべての章は独立していますので、どこでも面白いと思ったところから、読んでみてください。

　本書の引用文は短い抜粋に過ぎませんから、読書案内を兼ねた文献リストも活用しつつ、気になったものはぜひ図書館等で調べてみてください。本書は便宜上日本語訳を用いていますが、可能な限り原典にあたることも重要です。対話を通じて考えを深めていくリベラルアーツを、ぜひ楽しんでいただけたら幸いです。

引用文献

C. W. アイグルハート 1990『国際基督教大学創立史――明日の大学へのヴィジョン（1945-63 年）』国際基督教大学

石井洋二郎・藤垣裕子 2016『大人になるためのリベラルアーツ――思考演習 12 題』東京大学出版会

伊東辰彦・森島泰則 2019『リベラルアーツという波動――答えのない世界に立ち向かう　国際基督教大学の挑戦』学研プラス

大口邦雄 2014『リベラル・アーツとは何か――その歴史的系譜』さんこう社

エウジェニオ・ガレン（近藤恒一訳）2002『ルネサンスの教育――人間と学芸との革新』知泉書館

絹川正吉 2018『リベラル・アーツの源泉を訪ねて』東信堂

矢内原忠雄 1964「教育の目標について」『矢内原忠雄全集　第 21 巻　教育・大学・学生』岩波書店

Nishimura Mikiko, Sasao Toshiaki, eds. 2019, *Doing Liberal Arts Education: The Global Case Studies*, Springer

日本学術会議 2010「大学教育の分野別質保証の在り方について」http://www.scj.go.jp/ja/info/kohyo/pdf/kohyo-21-k100-1.pdf（2022 年 1 月 28 日アクセス）

目　次

人間は自由な存在か
聖書と法

　リベラルアーツにおいては、神以外の何ものも神（絶対的価値）とせずに真理を探究する[4]、と語られることがあります。本章は、リベラルアーツの根幹について考えるべく、聖書を手がかりにして、法学をはじめとする諸学問の根底にある世界観・人間観を読み解きます。人間が自由な存在といえるとすればそれはなぜか、法やリベラルアーツは何のためにあるのか、じっくりと考えてみましょう。

■ディスカッション・クエスチョン■

1　人間は自由な存在でしょうか。それは、なぜでしょうか。
2　法（聖書に書かれた律法や、現代社会の法律）は、何のためにあるのでしょうか。
3　リベラルアーツの理念とされる「真理はあなたがたを自由にする」とは、どういう意味でしょうか。

1　神への反逆と自由の始まり──創世記、出エジプト記

　創世記は、聖書の冒頭に置かれている物語です。人間がどのような存在として描かれているかに着目して、読んでみてください。

創世記３章１〜24節「エデンの園」聖書協会共同訳『聖書』（旧）3-5頁
　神である主が造られたあらゆる野の獣の中で、最も賢いのは蛇であった。蛇は女に言った。「神は本当に、園のどの木からも取って食べてはいけないと言ったのか。」女は蛇に言った。「私たちは園の木の実を食べることはできます。ただ、園の中央にある木の実は、取って食べてはいけない、触れても

4）　武田（長）2000：347頁。

いけない、死んではいけないからと、神は言われたのです。」蛇は女に言った。「いや、決して死ぬことはない。それを食べると目が開け、神のように善悪を知る者となることを、神は知っているのだ。」女が見ると、その木は食べるに良く、目には美しく、また、賢くなるというその木は好ましく思われた。彼女は実を取って食べ、一緒にいた夫にも与えた。そこで彼も食べた。すると二人の目が開かれ、自分たちが裸であることを知った。彼らはいちじくの葉をつづり合わせ、腰に巻くものを作った。

　その日、風の吹く頃、彼らは、神である主が園の中を歩き回る音を聞いた。そこで人とその妻は、神である主の顔を避け、園の木の間に身を隠した。神である主は人に声をかけて言われた。「どこにいるのか。[5]」彼は答えた。「私はあなたの足音を園で耳にしました。私は裸なので、怖くなり、身を隠したのです。」神は言われた。「裸であることを誰があなたに告げたのか。取って食べてはいけないと命じておいた木から食べたのか。」人は答えた。「あなたが私と共にいるようにと与えてくださった妻、その妻が木から取ってくれたので私は食べたのです。」神である主は女に言われた。「何ということをしたのか。」女は答えた。「蛇がだましたのです。それで私は食べたのです。」

　神である主は、蛇に向かって言われた。

「このようなことをしたお前はあらゆる家畜、あらゆる野の獣の中で最も呪われる。

　　お前は這いずり回り生涯にわたって塵を食べることになる。

　　お前と女、お前の子孫と女の子孫との間に私は敵意を置く。

　　彼はお前の頭を砕き、お前は彼のかかとを砕く。」

神は女に向かって言われた。

「私はあなたの身ごもりの苦しみを大いに増す。

　　あなたは苦しんで子を産むことになる。

　　あなたは夫を求め、夫はあなたを治める。」

神は人に言われた。

「あなたは妻の声に聞き従い取って食べてはいけないと命じておいた木から食べた。

---

5) 「どこにいるのか」から始まる神の尋問は、日本国憲法31条が定める法定手続（デュープロセス）保障の起源と考えることができます。聖書において、神は全能とされていますから、人がどこにいるのか、何をしたのか、知っていたはずです。にもかかわらず、神は人を罰する前に弁明の機会を与えました。ここから、不完全な人が人を裁くのであれば、なおさら弁明するための手続きを確保しなければならない、という考え方が導かれます。

あなたのゆえに、土は呪われてしまった。

あなたは生涯にわたり苦しんで食べ物を得ることになる。

土があなたのために生えさせるのは茨とあざみである。

あなたはその野の草を食べる。

土から取られたあなたは土に帰るまで額に汗して糧を得る。

あなたは塵だから、塵に帰る。」

人は妻をエバと名付けた。彼女がすべての生ける者の母となったからである。神である主は、人とその妻に皮の衣を作って着せられた。

神である主は言われた。「人は我々の一人のように善悪を知る者となった。さあ、彼が手を伸ばし、また命の木から取って食べ、永遠に生きることがないようにしよう。」神である主は、エデンの園から彼を追い出された。人がそこから取られた土を耕すためである。神は人を追放し、命の木に至る道を守るため、エデンの園の東にケルビムときらめく剣の炎を置かれた。

エーリッヒ・フロムは[6]、人間が神から与えられた命令に背き、神に反逆するこの物語を「人間の自由の始まり」と位置づけるユニークな解釈を展開しています[7]。

エーリッヒ・フロム（飯坂良明訳）2010［原書 1966］『自由であるということ——旧約聖書を読む（原題：You shall be as gods）』河出書房新社、30-31頁

人間の最初の行為は反逆である。そして神は、人間の反逆に対して自己の優越性を保持しようとして人間を罰するのである。神は暴力行為によって、つまりうむを言わさずアダムとエバをエデンの園から追放し、彼らが神になるための第二の手段——命の木から取って食べることをなしえないようにして、自己の優越性を保持しなければならなくなる。人間は神の優越した権

---

6) エーリッヒ・フロム（1900-1980）はフランクフルトのユダヤ人家庭に生まれ、哲学・社会学・心理学・精神分析学の分野で活躍した思想家です。

7) ここで紹介するフロムの解釈は、神学・聖書学ではあまり一般的ではないようです。より影響力を持ったのは、「人間は神によって自由意志を持つ存在として創造されたが、人間がその自由意志を乱用することによって神から与えられた命令に背き、この世に悪が生じるようになった」というアウグスティヌスの解釈です。「エデンの園」については、フロム 1977：169頁以下、キリスト教神学については東京神学大学神学会 2018 もご覧ください。

力に服さなければならないが、しかし後悔やざんげを示してはいない。エデンの園から追放された人間は独立の生活を始める。人間の最初の反逆行為は人間の歴史の始まりである。というのは、それは人間の自由の始まりでもあるからである。

「エデンの園」に続く創世記4章では、アダムとエバの間にカインが産まれます。人は永遠に生きる者にはなれませんでしたが、命を次の世代につなぐことができるようになったのです[8]。

ところが、すぐに兄弟間のおぞましい殺人事件が起こります。カインによるアベルの殺害です（創世記4章8節）[9]。それからも、地上にはありとあらゆる人の悪がはびこり、神は人を造ったことを悔やむようになります（創世記6章5〜6節）。こうして神は、大洪水を起こして「すべての生き物を地の面から消し去る」、つまり地上の生命に対する大殺戮を決意するに至ります。

しかし、ノアは正しい人であったので、神は、あらゆる生き物の雄・雌一組ずつとともに、ノアを箱船の中で生きのびさせます。そして、洪水の後、神はノアたちと契約を結びます。神は、人に対して「あなたがたの命である血が流された場合、その命の償いを求める」とともに、神は「洪水が地を滅ぼすことはもはやない」と約束します（創世記8章5〜11節）。

出エジプト記20章において、神と人との契約は、**十戒**という形でも与えられます。

出エジプト記20章2〜17節「十戒」聖書協会共同訳『聖書』（旧）116-117頁

　私は主、あなたの神、あなたをエジプトの地、奴隷の家から導き出した者である。あなたには、私をおいてほかに神々があってはならない。あなたは自分のために彫像を造ってはならない。上は天にあるもの、下は地にあるもの、また地の下の水にあるものの、いかなる形も造ってはならない。それにひれ伏し、それに仕えてはならない。私は主、あなたの神、妬む神である。私を憎む者には、父の罪を子に、さらに、三代、四代までも問うが、私を愛し、その戒めを守る者には、幾千代にわたって慈しみを示す。

---

8) 参照、石川ほか 2006：50頁〔越後屋朗〕。
9) この物語を踏まえた映画に、エリア・カザン監督 1955「エデンの東」があります。原作は、ジョン・スタインベックによる小説です。

　あなたは、あなたの神、主の名をみだりに唱えてはならない。主はその名をみだりに唱える者を罰せずにはおかない。

　安息日を覚えて、これを聖別しなさい。六日間は働いて、あなたのすべての仕事をしなさい。しかし、七日目はあなたの神、主の安息日であるから、どのような仕事もしてはならない。あなたも、息子も娘も、男女の奴隷も、家畜も、町の中にいるあなたの寄留者も同様である。主は六日のうちに、天と地と海と、そこにあるすべてのものを造り、七日目に休息された。それゆえ、主は安息日を祝福して、これを聖別されたのである。

　あなたの父と母を敬いなさい。そうすればあなたは、あなたの神、主が与えてくださった土地で長く生きることができる。

　殺してはならない。

　姦淫してはならない。

　盗んではならない。

　隣人について偽りの証言をしてはならない。

　隣人の家を欲してはならない。隣人の妻、男女の奴隷、牛とろばなど、隣人のものを一切欲してはならない。

　ヘブライ語聖書における宗教規範は法律体系としての意味を有しており、そのなかでも「憲法」にあたるのが十戒である、とされています（笠川2010：24頁）。

　再び、エーリッヒ・フロムを引用しましょう。

エーリッヒ・フロム（飯坂良明訳）2010［原書 1966］『自由であるということ――旧約聖書を読む（原題：You shall be as gods）』河出書房新社、32-33頁

　まさに契約の観念こそ、ユダヤ教の宗教的発展におけるもっとも決定的な段階の一をなすのである。それは、完全な人間の自由、神からさえも自由であるといった思想に道を拓く一段階であった。［……］

　契約の締結とともに、神は絶対的支配者であることを止める。神と人間は契約の当事者となった。神は、「専制」君主から「立憲」君主に変る。神は人間同様、憲法の規定に縛られる。神は恣意的な自由を失い、人間は神自身の約束と、契約に定められた原則にのっとって、神に対抗しうる自由を獲得したのである。

レンブラント「十戒の石板をふりかざすモーセ」
（提供：Bridgeman Images/アフロ）

ここでは、**契約こそ人間にとって「自由のための技法」**であったという考え方が示されています。少し難しい話ですから、法学的な説明を加えてみます。

契約は、自由な主体間でないと意味を持ちません。自由な主体ではない奴隷と契約を結ぶことは、法的に不可能です。つまり、神と人間とが契約を結ぶ前提には、人間が自由な存在であること、したがって、**人間は自由意志によって契約を破ることもできること**の承認があります。

これにより人間は、契約を破ることもできるにもかかわらず、自由意志によって自ら契約にとどまる決断をするか否かを、常に問われ続ける立場に置かれます。ここに、神からの呼びかけ（calling）に対する自由な主体たる人間の応答という図式が成立し、**応答可能性**（respond + ability）としての人間の**責任**（responsibility）が生まれることになります。自由であり、かつ責任の主体という人間観は、権利主体としての個人、という法学における人間観の基礎にもなっています。

ところで、神との契約によって「神に対抗しうる自由」を手にした人間は、契約を守って幸せに暮らしたのでしょうか。聖書によると、そう簡単にはいかなかったようです。レンブラント「十戒の石板をふりかざすモーセ」という絵画があります。

この絵画が描いているのは、神から十戒を与えられた人々が、さっそく金の雄牛の像を作って偶像崇拝をしていることに激怒したモーセが、十戒の書かれた 2 枚の石板を投げつけ、叩き割るシーンです（出エジプト記 32 章 19 節）。聖書は、契約を破り続ける人間の姿を繰り返し伝えています。ぜひ目を通してみてください。

2 法は何のためにあるか──マタイ福音書、マルコ福音書

次に、新約聖書を手がかりに「法解釈」について考えてみます。

> マタイによる福音書 12 章 9 〜 14 節「手の萎えた人を癒す」聖書協会共同訳
> 『聖書』（新）21 頁
>
> 　イエスはそこを去って、会堂に入られた。すると、片手の萎えた人がいた。人々はイエスを訴えようと思って、「安息日に人を癒やすのは、許されていますか」と尋ねた。イエスは言われた。「あなたがたのうち、誰か羊を一匹持っていて、それが安息日に穴に落ちたら、手で引き上げてやらない者がいるだろうか。人間は羊よりもはるかに優れた者ではないか。だから、安息日に善いことをするのは許されている。」そして、イエスはその人に、「手を伸ばしなさい」と言われた。伸ばすと、ほかの手のように元どおり良くなった。ファリサイ派の人々は出て行き、どのようにしてイエスを殺そうかと相談した。

　安息日とは、ユダヤ教において一切の仕事をしてはならないと定められた日のことです。前述の出エジプト記 20 章 10 節において、「七日目はあなたの神、主の安息日であるから、どのような仕事もしてはならない」とされています。これは、神が天地創造を 6 日で行い、7 日目に休んだという創世記の記述に由来します。安息日には聖書や神に心を向けるほか、金持ちもあえて何も持たない人であるかのように過ごし、神の前では限界のある一人の人間に過ぎないことを思い起こすことで、社会的格差をリセットするという意義があります。「ユダヤ人が安息日を守ったのではなく、安息日がユダヤ人を守ったのである」という言葉もあるほど、安息日は非常に大切にされています（小原 2018：143 頁以下）。

　さて、ここでは、「安息日にはどのような仕事もしてはならない」というルールがあるときに、安息日に「片手の萎えた人」、つまり重傷を負った人を助けて良いのか、という問題が議論されています。これは、まさに**法解釈**の問題といえます。

　この法解釈論争において、ファリサイ派と呼ばれる律法学者たちは、文字通りにルールを適用し、安息日には治療行為も禁止される、と主張したよう

です。これに対し、イエスは「安息日に善いことをするのは許されている」、安息日に羊が穴に落ちた場合には手で引き上げてやるのだから、重傷を負った人がいるならもちろん助けるべきである、と主張し、その通りに人助けを実践した、と伝えられています。法学では、この解釈手法を「もちろん解釈」と呼びます。

　「安息日にはどのような仕事もしてはならない」というルールは、何のためにあるのでしょうか。イエスは、安息日の趣旨を、人が働きすぎて健康を害することを防ぐこと、と考えた可能性があります（参照、久保 2018）。これを突き詰めれば、安息日の趣旨は**人間の自由と尊厳**、分かりやすくいえば**人を大切にする**こと、といえます。そして、人を大切にするという法の趣旨に立ち返るなら、安息日に人を助けることは望ましい、という解釈が導かれます。

　安息日についてイエスが語った言葉として、次の箇所もよく知られています。

マルコによる福音書 2 章 27 節「安息日に麦の穂を積む」聖書協会共同訳『聖書』（新）63 頁

　安息日は人のためにあるのであって、人が安息日のためにあるのではない。

　この言葉からは、人を大切にするという根本的な趣旨に遡って法を解釈するべきである、という主張が読み取れます。この主張には、律法学者による形式的な法の適用が人を傷つけていること、すなわち**律法主義**に対する辛辣な批判が含まれています[10]。

　「安息日」を「法」に置き換えて、「法は人のためにあるのであって、人が法のためにあるのではない」とすれば、法学の考え方とぴったり重なります。

　なお、パウロは以下のように述べています。

コリントの信徒への手紙二 3 章 6 節「新しい契約に仕える者」聖書協会共同訳『聖書』（新）322 頁

　神は私たちに、新しい契約に仕える資格を与えてくださいました。文字で

---

10)　なお、ユダヤ教においても「命は安息日に優先する」という Pikuach Nefesh の原則が守られています。参照、ヘッシェル 2004：337 頁。

はなく霊に仕える資格です。文字は殺し、霊は生かします。

「霊」という言葉はいかにも宗教的ですが、「霊」を英語にすると spirit、法学における「**法の趣旨 / spirit of the law**」につながる言葉です。法の文言だけを形式的に適用すると、本来の目的であったはずの法の趣旨とは正反対の帰結が生じてしまうことがよくあります。「このルールは何のためにあるのか」、常に**法の趣旨**に遡って解釈することが大切です（具体例として、⇨第 10 章 2 節、第 14 章 3 節）。

なお、イエスやパウロはいずれもユダヤ人であり、聖書にみられる辛辣な言葉は、敵意ではなく愛情に基づく同胞批判、そして自己批判として読むべきところです。ここを読み違えると反ユダヤ主義、そしてユダヤ人差別につながりかねませんので、十分な注意が必要です[11]。

3　真理はあなたがたを自由にする──ヨハネ福音書

次に、本書のテーマであるリベラルアーツについて考えてみたいと思います。

> ヨハネによる福音書 8 章 31 〜 36 節「真理はあなたがたを自由にする」聖書協会共同訳『聖書』（新）178-179 頁
> 　イエスは、ご自分を信じたユダヤ人たちに言われた。「私の言葉にとどまるならば、あなたがたは本当に私の弟子である。あなたがたは真理を知り、真理はあなたがたを自由にする。」彼らは言った。「私たちはアブラハムの子孫です。今まで誰かの奴隷になったことはありません。『あなたがたは自由になる』とどうして言われるのですか。」イエスはお答えになった。「よくよく言っておく。罪を犯す者は誰でも罪の奴隷である。奴隷は家にいつまでもいるわけにはいかないが、子はいつまでもいる。だから、もし子があなたがたを自由にすれば、あなたがたは本当に自由になる。」

ここでは、神に反逆し、神との契約に違反することから生じる「罪」から、人間がどのようにして自由になれるか、というテーマが語られています。

---

11)　ユダヤ教について理解するための入門書として、勝又悦子・勝又直也 2016。

「子があなたがたを自由にすれば、あなたがたは本当に自由になる」という
箇所に出てくる「子」は、キリスト教において「神の子」とされるイエスの
ことを指します。

　前節で引用したマタイによる福音書には、「ファリサイ派の人々は出て行
き、どのようにしてイエスを殺そうかと相談した」という部分がありました。
イエスの活動は伝統的な律法解釈の枠を逸脱していましたから、律法学者た
ちはイエスを恨み、殺害する計画を立てます。ついにイエスは捕らえられ、
十字架刑というもっとも残虐な方法で処刑されることになります。キリスト
教では、イエスが十字架で処刑されることによって人間を「罪」から解放し
た、ということが信仰の中心に置かれます[12]。キリスト教は、これによって
**神に対する「負い目」から人間が解放され、「罪の奴隷」状態から自由にな
る**、と説きます。

　聖書を「自由」という観点からみると、神に対する反逆によって「神から
の自由」を手にするとともに神から離れ、契約違反の「負い目」を背負うこ
とになった人間が、イエス・キリストによって神の前に立ち返り、「神への
自由」を回復していく壮大な物語、と要約できそうです。これにより、「こ
の世」のいかなる価値観にも従属することなく神の前に立って生かされる個
人、すなわち、**自由意志を持ち、自立して自律する人格**が成立する、という
人間観が導かれます。この発想は、キリスト教の影響下で発展した欧米の思
想や学問の基調をなしているといえます。

　宗教的背景をどれだけ自覚するかにかかわらず、法学をはじめ、欧米で発
展した諸学問はこのような世界観・人間観を前提にすることが多いため、聖

---

12)　キリスト教の「罪」という言葉を聞くと、混乱したり、反発したりする方も多いだろうと思
　います。キリスト教は「無実のイエスが十字架で身代わりとなって処刑されたことで人間の罪
　が赦された」と説きますが、もしこれが刑法の「罪」を意味するのであれば、法的にはなかな
　か容認し難い考え方です。犯人以外の者が身代わりに刑罰を受けるなど、決してあってはなら
　ないことです。キリスト教の「罪（sin）」は刑法の「罪（crime）」とは異なり、**人間が神に背き、
　契約を破ることから生じる「負い目」、「負債」**と理解するのが良いと思われます。これは刑法
　の「罪」よりも民法の「債務」に近い概念です。十字架の贖いは、神との間の契約違反から生
　じた債務（キリスト教における「罪」）について、イエスが代わりに血を流して代価を支払った
　出来事と説明できます。イエスの言葉に、「人の子は［……］多くの人の身代金として自分の命
　を献げるために来た」（マルコによる福音書 10 章 45 節）というものがあります。これは、法的
　には第三者弁済（日本の民法では、474 条 1 項）にあたりますが、なぜ血を流して死ぬことが神
　に対する債務（身代金）の支払いになるのか、という疑問は残ります。この点は、当時のユダ
　ヤ社会における「犠牲の献げ物」という風習を踏まえて理解する必要があると思われます。

書を読んでおくと学術文献に対する批判的検討が格段に深まるはずです。聖書研究はキリスト教やヨーロッパ思想を根底から批判する場合でも必要不可欠ですから、リベラルアーツの学びのなかに積極的に取り入れると良いでしょう[13]。

「真理はあなたがたを自由にする」という言葉は、リベラルアーツの理念とされることがあります。「真理」とは一体何なのか、「真理」は本当に存在するのか、「真理」の存在・不存在は論証可能なのか、「真理」によって「自由」になったかどうか、どうやって確かめられるのか、人間が本当の意味で探求すべきなのは「何からの自由」・「何への自由」なのか、ぜひ友人とじっくりディスカッションしてみてください。

探究課題

1　キリスト教における「自由」とは、どのような意味なのでしょうか。
⇨マルティン・ルター（石原謙訳）1955『キリスト者の自由・聖書への序言』岩波文庫：矢内原忠雄 2012『キリスト教入門』中公文庫
2　法学を含めた諸学問やリベラルアーツに対し、聖書はどのような影響を与えているでしょうか。
⇨岩田靖夫 2003『ヨーロッパ思想入門』岩波ジュニア新書；スピノザ（吉田量彦訳）2014『神学・政治論（上）（下）』光文社古典新訳文庫；福岡安都子 2020『国家・教会・自由——スピノザとホッブズの旧約テクスト解釈を巡る対抗〔増補新装版〕』東京大学出版会

引用文献

石川立・中村信博・越後屋朗編 2006『聖書　語りの風景——創世記とマタイ福音書をひらいて』キリスト新聞社
笈川博一 2010『物語　エルサレムの歴史——旧約聖書以前からパレスチナ和平まで』中公新書
大貫隆 2010『聖書の読み方』岩波新書
勝又悦子・勝又直也 2016『生きるユダヤ教——カタチにならないものの強さ』

---

13)　はじめて聖書を読む際の手引きとして、大貫 2010。

　　教文館

久保文彦 2018「安息日――人類最古の労働基準法」『福音宣教』2018 年 5 月号

小原克博 2018『ビジネス教養として知っておきたい　世界を読み解く「宗教」
　　入門』日本実業出版社

武田（長）清子 2000『未来をきり拓く大学　国際基督教大学五十年の理念と軌
　　跡』国際基督教大学出版局

東京神学大学神学会編 2018『新キリスト教組織神学事典』教文館

聖書協会共同訳 2018『聖書』日本聖書協会

エーリッヒ・フロム（佐野哲郎訳）1977『生きるということ』紀伊國屋書店

エーリッヒ・フロム（飯坂良明訳）2010『自由であるということ――旧約聖書
　　を読む』河出書房新社

A. J. ヘッシェル（森泉弘次・末松こずえ訳）2004『神と人間のあいだ――ユダ
　　ヤ教神学者ヘッシェルの思想入門』教文館

第2章 ── 法に従うのは自由か
哲学と法

　「『哲学』はその語源『philosophia（愛知）』からもわかるとおり、元来『知』の全体を対象としたものであり、その意味では『学問』そのものを意味」します（「参照基準　哲学分野」2016：2頁）。

　哲学は、「私たちは真理を知りうるのか」「人間とは何か」「生きるとは何か」「幸せとは何か」「善悪とは何か」といった、根源的な問いを思索することを通じ、「自分の生き方や現代社会のあり方を自明視せずに深く吟味し問い直す」（「参照基準　哲学分野」2016：8頁）営みであり、まさにリベラルアーツの根幹に位置づけるべきでしょう。

　本章では、ソクラテスを手がかりにして法哲学の根本問題である悪法問題を考察します。なぜ人は法に従うのか、現実の法を超える自然法は存在するのか、じっくりと考えてみましょう。

┃ディスカッション・クエスチョン┃
1　「無知の知」とは、何を意味しているのでしょうか。
2　悪法には従うべきでしょうか。
3　現実の法を超える自然法は、存在するでしょうか。

1　愛智者として生きる──プラトン『ソクラテスの弁明』

　ソクラテスは、アテナイの民衆裁判において「神を信じず、アテナイの青年を腐敗させた」という罪名によって告発され、死刑の求刑を受けます。これに対し、ソクラテスが堂々と反論を展開して自らの無罪を主張した弁論が、『ソクラテスの弁明』です。ここでの「弁明」は、裁判の「弁論」と考えるのが良いでしょう。

　ソクラテスは、デルフォイにおいて「ソクラテス以上の賢者は一人もな

い」という神託が告げられたことについて、次のように述べています。

プラトン（久保勉訳）2007［原書 紀元前 399 年頃］『ソクラテスの弁明・クリトン』岩波文庫、23-25 頁

　その神託をきいたとき、私は自問したのであった。神は一体、何を意味し、また何事を暗示するのであろうか、と。私が大事においても小事においても賢明でないということは、よく自覚しているところであるから。して見ると、一体どういう意味なのであろうか、神が私を至賢であるというのは。けだし神にはもちろん虚言のあるはずがない、それは神の本質に反するからである。かくて私は久しい間神の意味するところについて思い迷ったが、ついに苦心惨憺の末ようやく次のような神託探究法に想到したのだった。私は賢者の世評ある人々の一人をたずねた。そこにおいてこそ――もしどこかで出来ることなら――神託に対して反証をあげ、そうしてこれに向い、「見よ、この人こそ私よりも賢明である、しかるに汝は私を至賢であるといった」と主張することが出来るであろう、と考えながら。そこでその人を充分研究したとき――その名前をいうことは無用であるが、アテナイ人諸君、私が吟味している際に次の如き経験をしたのは、政治家の一人であった――彼と対談中に私は、なるほどこの人は多くの人々には賢者と見え、なかんずく彼自身はそう思い込んでいるが、しかしその実彼はそうではないという印象を受けた。それから私は、彼は自ら賢者だと信じているけれどもその実そうではないということを、彼に説明しようと努めた。その結果私は彼ならびに同席者の多数から憎悪を受けることとなったのである。しかし私自身はそこを立去りながら独りこう考えた。とにかく俺の方があの男よりも賢明である、なぜといえば、私達は二人とも、善についても美についても何も知っていまいと思われるが、しかし、彼は何も知らないのに、何かを知っていると信じており、これに反して私は、何も知りもしないが、知っているとも思っていないからである。されば私は、少くとも自ら知らぬことを知っているとは思っていないかぎりにおいて、あの男よりも智恵の上で少しばかり優っているらしく思われる。

　哲学においては、このようなソクラテスの姿勢をモデルに、「**無知の知**」を前提にしつつ「**愛智者として生き自己ならびに他人を吟味する**」という姿勢が重視されます。

プラトン（久保勉訳）2007［原書 紀元前 399 年頃］『ソクラテスの弁明・クリトン』岩波文庫、41-42 頁

　アテナイ人諸君、[……]愛智者として生き自己ならびに他人を吟味することを、死もしくはその他の危険の恐怖のために抛棄したとすれば、私の行動は奇怪しごくというべきであろう。[……]私がもしいずれかの点において自ら他人よりも賢明であるということを許されるならば、それはまさに次の点、すなわち私は冥府（ハデス）のことについては何事も碌に知らない代りに、また知っていると妄信してもいないということである。

　プラトンの対話篇に描かれている愛智者、ソクラテスの姿勢はリベラルアーツの核心であると同時に、法学教育の根底にも息づいています。アメリカのロースクールで広く行われている**ソクラティック・メソッド**では、教員は講義をほとんどせず、ケースブックと呼ばれる判例集に基づき、学生に対して答えのない本質的な問いを投げかけ続けます[14]。問いに対して必死に格闘する過程で、学生は判例・学説を批判的に検討し、法に対する自らの理解や知識を徹底的に吟味してゆきます。

　リベラルアーツにおいては、教科書や教員から知識を得ることより、むしろ既存の知識を徹底的に疑っていくこと、知っていると思っていたこともじつは決して確実なものではなく、根源的な意味では誰もが**「無知である」**と**気づくこと**の方がはるかに重要である、といえるでしょう。対話を通して既存の知識を徹底的に吟味していくソクラテスの姿勢は、**智を愛する（philoso-phia）生き方**に基礎づけられています[15]。

2　悪法には従うべきか──プラトン『クリトン』

　さて次に、ソクラテスが提起した法哲学における最大の問題の一つ、**悪法問題**を考えてみたいと思います。これは、**不正な法や判決に従うべきか**、という問題です。

　ソクラテスは弁論において堂々と自らの無罪を主張しましたが、民衆裁判

---

14)　「ペーパーチェイス」（ジェームズ・ブリッジス監督、1973）という映画には、ハーバード・ロースクールにおけるソクラティック・メソッドの授業風景が描かれています。

15)　フィロソフィアという言葉については、伊藤ほか 2020：159 頁以下〔松浦和也〕も参照。

においてはわずかな票差によって死刑判決が下されます。その後、収監された
たソクラテスのもとに友人のクリトンがやってきて、脱獄の手はずはすべて
整えたから一緒に逃げよう、と勧めます。

　しかし、クリトンに対し、ソクラテスは次のように語りかけます。

プラトン（久保勉訳）2007［原書 紀元前399年頃］『ソクラテスの弁明・クリ
トン』岩波文庫、80頁

ソクラテス　親愛なるクリトンよ、君の熱心は大いに尊重に値する、ただそ
れがある程度正しい道に叶っていさえするなら。だがもしそうでなかったら、
それが大きければ大きいほどますます堪え難くなる。だから僕達はそういう
行動をすべきであるかないか、考えてみなければならない。僕は、今が始め
てではなく常々も、熟考の結果最善と思われるような主義以外には内心のど
んな声にも従わないことにしているのだから。

　こうして、ソクラテスとクリトンとの対話が展開されます。対話のなかか
ら一部を紹介しましょう。

プラトン（久保勉訳）2007［原書 紀元前399年頃］『ソクラテスの弁明・クリ
トン』岩波文庫、85-86頁

ソクラテス　それから次の事も考えなおして見てくれたまえ、一番大切なこ
とは単に生きることそのことではなくて、善く生きることであるというわれ
われの主張は今でも変りがないかどうかを。

クリトン　むろんそれに変りはない。

ソクラテス　また善く生きることと美しく生きることと正しく生きることは
同じだということ、これにも変りがないか、それともあるのか。

クリトン　むろんそれに変りはない。

ソクラテス　そこで、僕たちは僕たちがすでに一致したところに基づいてと
くと考えて見なければならない。僕がアテナイ人の同意なしにここから逃げ
出そうと企てることは正しいかそれとも正しくないかどうかを。そうしても
し正しいと分ればそれをやって見ようし、そうでなければ思いとまるとしよ
う。

　不当な死刑判決を下された者はそのまま死刑判決を受けるのが正しいのか、
不当な判決に従うのではなく、脱獄するのが正しいのか。対話の経過はぜひ

各自読んでいただきたいところですが、ここでは対話の終盤を引用しておきます。

> プラトン（久保勉訳）2007［原書 紀元前399年頃］『ソクラテスの弁明・クリトン』岩波文庫、101-102頁
>
> ソクラテス　お前がこの世を去るなら、今ならお前は不正を――われわれ国法からというよりも、人間から――加えられた者としてこの世を去るのだ。しかるにもしお前が脱獄して、無恥千万にも、不正に不正を、禍害に禍害を報い、かくてわれわれに対するお前の合意と契約とを蹂躙して、また最も禍害を加えてはならない者――すなわちお前自身と友達と祖国とわれわれと――にこれを加えるなら、その時、われわれはお前の存命中を通じてお前に怒りを抱くだろうし、またあの世ではわれわれの兄弟なる冥府（ハデス）の国法も、親切にお前を迎えてはくれまい。［……］
>
> 　親愛なる友クリトンよ、実際僕はこういう声が耳の中で囁くのを聴くような気がするのだ。［……］君に何か成し得るという望みがあるなら、いって見たまえ。
>
> クリトン　いや、ソクラテス、僕はもう何もいうことはない。
>
> ソクラテス　クリトン、じゃあよろしい。では、僕達は僕がいったように行動しよう、神がそちらに導いて下さるのだから。

　こうして、ソクラテスとクリトンの対話は「脱獄すべきではない」という結論に至ります。その理由は、仮に不正を加えられたからといって、不正に不正を報いて祖国に禍害を加えてはならないからだ、といいます。こうして、ソクラテスは自ら毒杯をあおって死んだ、と伝えられています。

　『国家』『法律』『饗宴』など、プラトンが書いたソクラテスの対話篇はたくさん出版されています。皆さんはソクラテスに賛成するか、ぜひ友人とディスカッションしてみてください。

　さて、不正な法が存在するとき、良心に従って悪法を破り、それに対する罰は受け入れながらも悪法への批判を続ける、**市民的不服従**という生き方があります。

長清子 1964「ICU と世界人権宣言——学生宣誓は何を意味するか」国際基督教大学オリエンテーション実行委員会編『大学の理念と ICU の教育——新入生のために』22-23 頁

　すべての実定法が正義に立っているとは限らない。それぞれの国にはいろいろの悪法がある。日本においても、つい終戦時にいたるまで、治安維持法や不敬罪などによって、いかに多くの善良な市民たちやすぐれた思想家たちが投獄されたかは忘れてはならないことである。[……]

　インドの独立運動の指導者であったガンディーが多くのインド民衆とともにイギリス政府のおしつける不当な法律に対して反対し、不服従運動をおこして逮捕され、裁判にかけられた時、ガンディーは裁判官（イギリス人）に対して次のようにいった。

　「私は法律を破ったのだから、『市民』としてはそれにふさわしい裁きを受けましょう。しかし『人間』としては、このような悪法を破ったことを誇りとします」と。すると、裁判官が「この悪法が改正された時、誰よりもまず喜ぶのは私でしょう」とガンディーに語ったということである。

　「法を尊ぶ」ということは、現行法を市民として尊ぶことは勿論大切であるが、それだけでなく、常にその法律が正義に立つものであるか、実定法の背後にある「自然法」にてらして、正しいかどうかを検討し、より正しいものに改良してゆくよう努力することこそ、真に「法を尊ぶ」ということの意味だと思う。

　この文章では、自然法論の立場から、「法を尊ぶ」ということの意味が探求されています。市民的不服従の考え方に基づいて徹底した非暴力による公民権運動を展開したキング牧師の言葉を読んでみましょう[16]。

Martin Luther King, Jr. 1963, Letter from Birmingham Jail, April 16[17]
　自己の良心に照らして不正な法律をあえて破り、その不正に対する社会の良心を喚起するため法律違反に対する制裁として刑務所に入れられることを

---

16)　キング牧師の公民権運動について、「Selma（邦訳：グローリー　明日への行進）」（エイヴァ・デュヴァーネイ監督、2014）という映画があります。

17)　Stanford University, The Martin Luther King, Jr. Research and Education Institute http://okra.stanford.edu/transcription/document_images/undecided/630416-019.pdf（2020 年 7 月 20 日アクセス）翻訳は筆者による。

潔く受け入れる個人は、実際には、法に対する最大限の尊重を表明している
のである。

ソクラテスもキング牧師も、不正だと考える事柄に対して、自らの信念に
基づいて批判を徹底的に行う点、そして、法に違反したのであれば法に規定
された通りの罰は受けるべきである、という点で共通しています。ソクラテ
スやキング牧師が示したのは、まさに「法を尊ぶ」姿勢といえます。現在で
も、徴兵制を持つ国においては、戦争反対の信念を持つ人が良心的拒否をす
る事例があります。

それでは、皆さんが警察官であった場合はどうでしょうか。警察官がある
法を悪法だと考えている場合、自己の良心に従って違反行為を見逃すのが正
しいのでしょうか。それとも、職務上の義務を果たすため、あくまで法に基
づいて市民を逮捕すべきでしょうか。どちらの行動が、「法を尊ぶ」姿勢と
いえるのでしょうか。この問題についても、ぜひ友人とディスカッションし
てみてください。

3　自然法は存在するか──トマス・アクィナス、ケルゼン

ナチスの戦後処理に関する具体的な事例として、**密告者事件**がよく知られ
ています。1944 年当時、ナチス党指導者へ敵意ある言明を公然となすこと
は法律によって禁じられていました。ところが、ある兵士が一時帰宅中にヒ
トラーたちを軽蔑的に評し、ヒトラーの死を望むような言葉を口にしました。
たまたま夫と別れたいと思っていた妻はこの発言を軍当局に密告し、その夫
は軍事裁判により死刑判決を受けました。戦後になってから、この妻の密告
行為が問題とされました。密告した妻は、処罰されるべきでしょうか。

ここで、自然法は本当に存在するといえるのか、自然法論と法実証主義と
いう考え方を対比しながら紹介します。

まず、自然法論は「**法と道徳との間には必然的な連続性がある**」とする立
場です。正義と道徳については、人間の本性から導き出される普遍的・客観
的な内容が存在し、この自然法と大きく衝突する実定法は法としての資格を
欠く、と説きます。

自然法論と親和的なのは、「**悪法は法ではない**」という立場です。例えば、

「『ヒトラーを批判したら死刑』などという実定法は、自然法に反する悪法であるから法ではない」という主張が考えられます。古代において、自然法論は神学的な「永遠法」との関連で説かれることがありました。

　トマス・アクィナスは、自然法について、聖書を引用しながら以下のように論じています。

トマス・アクィナス（稲垣良典訳）1977［原書 13 世紀頃］『神学大全　第 13 冊』創文社、17-19 頁

第二項　われわれのうちに自然法なるものがあるか

［……］

　神の摂理に服しているところのものはすべて永遠法によって規制されているのであってみれば、すべてのものは、永遠法の刻印 impressio からしてそれぞれに固有の働きや目的への傾向性を有しているかぎりにおいて、なんらかの仕方で永遠法を分有していることは明白である。

　しかるに他の諸々のものの間にあって、理性的なる被造物は自らも摂理の分担者 particeps となって自己ならびに他のもののために配慮（摂理）するかぎりにおいて、なんらかのより卓越した仕方で神の摂理に服している。したがって理性的被造物自体においても永遠なる理念が分有され、それによって正しい行為および目的への自然本性的なる傾向性を有するのであって、理性的被造物におけるかかる永遠法の分有が自然法と呼ばれるのである。［……］われわれがそれに照らして何が善であり、何が悪であるかを判別するところのいわば自然的理性の光 quasi lumen rationis naturalis、すなわち自然法とは、われわれのうちなる神的光の刻印にほかならぬ、ということである。

　このようにして、自然法とは理性的被造物における永遠法の分有にほかならないことが明らかである。

　トマス・アクィナスによれば、人間は神の被造物であり有限の精神しか持たないので、神に由来する永遠法のすべてを理解することはできません。そこで、永遠法のうち人間の理性により捉えられたもの（理性的被造物における永遠法の分有）を自然法と呼び、人間の作る実定法の正しさの基準としました。人間にとって、自然法は第一義的で根本的な法であり、自然法に反する実定法は法ではありません（参照、稲垣 2019：162 頁）。

　このようなキリスト教自然法論は、宗教改革後のキリスト教内部の教派間対立やイスラーム等との接触によって普遍性が揺らぎ、次第に支持を失っていきます。そのような時代に、より広い範囲の人々が納得できるように主張を展開したのが、**近代自然法論**です。近代自然法論は世俗的・経験的な発想による**自然権論**を基調とすることが多く、近代の人権宣言の思想的源流になりました。ホッブズ、ロック、ルソーらの社会契約論（⇨第3章）、グローチウスによる戦時国際法の議論（⇨第4章）にも、近代自然法論の影響がみられます。

　その後、19世紀のドイツでは法実証主義が台頭しました。自然法論とは対照的に、法実証主義は法と道徳との間の必然的連関を否定します。法実証主義者は、現実の法を超える高次の法や自然法の存在を否定する傾向にあり、法実証主義は「**悪法も法である**」という立場と親和的です。もっとも、法実証主義は必ずしも「法は道徳と無関係」と主張するわけではありません。例えば、法実証主義の代表格であるケルゼンは、以下のように述べています。

ハンス・ケルゼン（長尾龍一訳）2014［原書 1960］『純粋法学〔第2版〕』岩波書店、66-67頁、68-69頁

　法実証主義が「法と道徳、法と正義を区別し混同するな」という要求を掲げる場合、その批判対象は、たいていの法律家が自明のものとしている観念、即ち唯一の正しい道徳、即ち絶対的道徳・絶対的正義が存在するという観念である。［……］相対主義的価値理論の前提の下で「法を道徳・正義から分離せよ」と唱えることの意味は、ある法秩序が道徳的とか不道徳的とか、あるいは正義とか不正義とかと評価された場合にも、それは「道徳そのもの」との関係ではなく、多くの可能な道徳秩序の中の一つとの関係が述べられたに過ぎず、それ故その評価は絶対的価値判断ではなく、相対的な価値判断であるというに過ぎない。即ち、実定法秩序の効力は、いかなる道徳体系との関係においても、その適合・不適合から独立しているということである。［……］

　何にもまして肝心なことは、（いくら強調しても足りないことだが）「道徳」という唯一のものがあるのではなく、相互に矛盾する多様極まる道徳体系が存在することを自覚することである。［……］「法は本質上道徳的であるはずだ」「不道徳な社会秩序は法でない」というテーゼは、伝統的法学が広く受け容れてきたものだが、それは絶対的規範、あらゆる時代に効力をもつ道徳

の存在を前提している。純粋法学はそれを否定するのである。

　ケルゼンは「『道徳』という唯一のものがあるのではなく、相互に矛盾す
る多様極まる道徳体系が存在すること」を強調しています。ケルゼンの主眼
は道徳を否定することではなく、**唯一絶対の普遍的・客観的な道徳を否定**す
ることである、という点に注意していただけたらと思います。

　さて、自然法を客観的に把握することはできるのでしょうか。ケルゼンの
説く通り、「あらゆる時代に効力をもつ道徳の存在」は否定すべきでしょう
か。自然法論をめぐっては、現在でも活発な論争が続いています。

　なお、本節の冒頭で紹介した密告者事件において、ハンブルク高等裁判所
は、この妻はナチス軍当局を道具として用いて夫の自由権を奪ったとして有
罪としました。この判決には、当時の自然法論的な精神が反映されている、
と評されています（瀧川ほか 2014：233 頁）。皆さんであればどのような判決
をするでしょうか。ぜひディスカッションしてみてください。

探究課題

1　法学の基礎には、どのような哲学的考察があるでしょうか。
⇨団藤重光 2007『法学の基礎〔第 2 版〕』有斐閣
2　正義は、何によって基礎づけられるのでしょうか。
⇨ジョン・ロールズ（川本隆史・福間聡・神島裕子訳）2010『正義論〔改訂版〕』
紀伊國屋書店；井上達夫 2003『法という企て』東京大学出版会；ヴォルフガン
グ・フーバー（宮田光雄監修、佐藤司郎・木部尚志・小嶋大造訳）2020『正義と
法──キリスト教法倫理の基本線』新教出版社

引用文献

伊藤邦武・山内志朗・中島隆博・納富信留 責任編集 2020『世界哲学史 1 ──古
　　代 I　知恵から愛知へ』ちくま新書
稲垣良典 2019『トマス・アクィナス『神学大全』』講談社学術文庫
トマス・アクィナス（稲垣良典訳）1977『神学大全　第 13 冊』創文社

ハンス・ケルゼン（長尾龍一訳）2014『純粋法学〔第2版〕』岩波書店

長清子 1964「ICU と世界人権宣言——学生宣誓は何を意味するか」国際基督教
　　大学オリエンテーション実行委員会編『大学の理念と ICU の教育——新入
　　生のために』

プラトン（久保勉訳）2007『ソクラテスの弁明・クリトン』岩波文庫

瀧川裕英・宇佐美誠・大屋雄裕 2014『法哲学』有斐閣

# 社会契約は自由にするか
政治と法

政治は、自由とどのように関係するのでしょうか。「政治現象とは、人間集団がその存続・運営のために、集団全体に関わることについて決定し、決定事項を実施する活動を指す」と定義されます（「参照基準　政治学分野」2014：ii頁）。政治とは、すべての人に関わる**公の事柄について決める営み**といえます。

本章では、なぜ政治共同体や国家が生まれるのか、そして、政治共同体において、どのように法をつくれば良いのか、自由という観点から考えます。

┃ディスカッション・クエスチョン┃

1 法は人間の自由を奪うものでしょうか。それとも、人間の自由を守るものでしょうか。
2 より良い法をつくるためには、**直接民主政と間接民主政のどちら**が望ましいのでしょうか？
3 古代人の自由と近代人の自由、そして、積極的自由と消極的自由は、どちらが重要でしょうか？

1 自然状態から社会契約へ──ホッブズ、ロック

法は人間を拘束し、場合によっては刑罰を科す場合もあります。その意味で、法は人間の自由を奪うものです。それでは、法制度をすべて撤廃してしまえば、人間は自由になれるでしょうか。

本章ではまず、ホッブズ、ロック、ルソーを参照しながら、法を執行する政治共同体や国家が存在しない状態、すなわち**自然状態**を考えてみたいと思います。

> ホッブズ（永井道雄・上田邦義訳）2009［原書 1651］『リヴァイアサン I』中公クラシックス、169–172 頁
>
> 　《自然》は人間を身心の諸能力において平等につくった。したがって、ときには他の人間よりも明らかに肉体的に強く精神的に機敏な人が見いだされはするが、しかしすべての能力を総合して考えれば、個人差はわずかであり、ある人が要求できない利益を他の人が要求できるほど大きなものではない。たとえば肉体的な強さについていえば、もっとも弱い者でもひそかに陰謀をたくらんだり、自分と同様の危険にさらされている者と共謀することによって、もっとも強い者をも倒すだけの強さを持っている。［……］
>
> 　この能力の平等から、目的達成にさいしての希望の平等が生じる。それゆえ、もしもふたりの者が同一の物を欲求し、それが同時に享受できないものであれば、彼らは敵となり、その目的〔主として自己保存であるがときには快楽のみ〕にいたる途上において、たがいに相手をほろぼすか、屈服させようと努める。［……］
>
> 　このような相互不信から自己を守るには、機先を制するほど適切な方法はない。すなわち力や策によってできるだけすべての人間の身体を、自分をおびやかすほど大きな力がなくなるまで支配することである。それは自己保存に必要な程度のことであり、一般に許される。［……］
>
> 　以上によって明らかなことは、自分たちすべてを畏怖させるような共通の権力がないあいだは、人間は戦争と呼ばれる状態、各人の各人にたいする戦争状態にある。［……］
>
> 　このような各人の各人にたいする戦争からは、何事も不正ではないということが当然帰結される。正邪とか正義不正義の観念はそこには存在しない。共通の権力が存在しないところに法はなく、法が存在しないところには不正はない。力と欺瞞は戦争における二つの主要な美徳である。［……］

　ホッブズは、自然状態において人間は「各人の各人にたいする戦争状態」におかれる、といいます。まず、肉体的にもっとも弱い者もひそかに陰謀をたくらんで肉体的にもっとも強い者を殺すことができるため、人間が生まれ持った能力は、ほぼ平等といえます。もし生まれ持った能力に圧倒的な差があるなら、能力に劣った者は、能力に優れた者と競い合うことは諦めるでしょう。しかし、生まれ持った能力には誰しも大した差がないため、人間同士は互いに張り合い、敵対し、限られた財をめぐって熾烈な争いを始めます。

そこに法はなく、力と欺瞞が支配します。

　ホッブズは、このような悲惨な自然状態を脱して人間が自由を得るため、「自分たちすべてを畏怖させるような共通の権力」、すなわち国家という政治共同体を創設し、実力によって法を強制的に執行する、と説きます。

　国家は自由で平等な個人が契約して作った、という考え方を社会契約説と呼びます。社会契約説のポイントは、(1) 人間は生まれながらにして自由で平等であること、(2) しかし、国家がなければ人間の自由は十分に守れないこと、(3) そこで、人間の自由をよりよく守るため、個々人が自らの意思によって契約を結び、政治社会すなわち国家を創設した、という説明にあります。人々が社会契約によって政治共同体を創設するメカニズムについて、ロックは次のように説いています。

ジョン・ロック（加藤節訳）2010［原書 1690］『完訳　統治二論』岩波文庫、406 頁、452 頁

第8章　政治社会の起源について

　人間はすべて、生来的に自由で平等で独立した存在であるから、誰も、自分自身の同意なしに、この状態を脱して、他者のもつ政治権力に服することはできない。従って、人々が、自分の自然の自由を放棄して、政治社会の拘束の下に身を置く唯一の方法は、他人と合意して、自分の固有権（プロパティ）と、共同体に属さない人に対するより大きな保障とを安全に享受することを通じて互いに快適で安全で平和な生活を送るために、一つの共同体に加入し結合することに求められる。［……］

第11章　立法権力の範囲について

　人々が社会に入る大きな目的は、彼らの固有権（プロパティ）を平和かつ安全に享受することであり、しかも、そのための主要な手段と方法とはその社会で制定された法に他ならない。従って、すべての政治的共同体の第一の、そして根本的な実定法は、立法権力を樹立することにある。なぜならば、立法権力それ自体をも支配すべき第一の基本的な自然法は、社会を保全すること、そして、（公共善と両立する限りにおいて）社会に属する各人を保全することにあるからである。そうした立法権力は、政治的共同体の最高権力であるだけではなく、共同体がひとたびそれを委ねた人々の手中にあって神聖かつ不変の権力

でもある。そして、それ以外のどんな人々の命令も、それがいかなる形式で
表現され、あるいは、いかなる権力によって支えられるにせよ、公衆が選出
し任命した立法部からの是認がない限り、法としての効力も義務ももたない。
というのは、この是認がなければ、法は法たるに絶対的に必要なもの、すな
わち社会の同意を受けることはできず、誰であれ、社会自身の同意と社会か
ら与えられる権威とを欠く限り、社会に対して法を作る権力をもつことはで
きないからである。従って、もっとも厳粛な絆によって人々が向けるべく義
務づけられている服従は、究極的にはこの〔立法権力という〕最高権力への
それに帰着し、また、この権力が制定する法によって導かれるのである。

　ロックは、「人間はすべて、生来的に自由で平等で独立した存在」である、
といいます[18]。そして、人間は自然状態において有していた固有権を平和か
つ安全に享受することを求め、社会契約を結んで政治共同体を作ります。社
会契約によって創設された政治共同体において、人間の自由は法によって守
られることになります。

　法はたしかに人間を縛るものですが、その究極的な目的は自由である、と
いえます。もしも法をなくしてしまえば、人間の自由は失われてしまうおそ
れがあります。

　もっとも、現実の生活において、私たちは憲法という契約書に実際にサイ
ンすることはありません。その意味では、社会契約は一つのフィクションと
いえます。

来栖三郎　1999「フィクションとしての社会契約」『法とフィクション』東京
大学出版会、358 頁
　いずれにしても現実に社会契約は存在しなかったろう。勿論、二人あるい
は二人以上でも少人数の場合ならば、現実の合意の成立も可能だったかも知
れないが、しかし、国家のような大多数の集団の場合には、現実に集会を開
き、全員一致の合意を成立させることは不可能である。現実にそのような社

---

18)　ロックは『統治二論』の前篇において、フィルマーによる「人間は生まれながらに自由では
ない」という見解を取り上げて、詳しく論駁しています（ロック 2010：34 頁以下）。前篇各章
のタイトル（「創造を根拠とする主権へのアダムの権原について」、「神の贈与を根拠とする主権
へのアダムの権原について」、「イヴの服従を根拠とする主権へのアダムの権原について」）から
も分かるように、中心的な位置を占めているのは聖書解釈です。

会契約は存在しえないし、またしなかった。それにもかかわらず、社会契約が存在したとするのは、人民主権国家の原理または正義の諸原理を提唱して規範的現状を変更しようとする目的を達成する手段として、存在しないのに存在すると仮定するのであるが、しかもそれは現実に根拠を持った理想としてであり、架空的なものと考えるべきではない。そのような意味において、社会契約はフィクションと考えるべきなのである。

　社会契約は「存在しないのに存在すると仮定する」ものであって、見たり触ったりすることはできないという意味で、一つのフィクションです。しかし、だからと言って「架空的なもの」、つまり、意味のないまやかしというわけではありません（関連する議論として、⇨第8章）。自由を守るための社会契約という考え方を導入することではじめて、人間の自由を守ることにつながらない法律や権力行使は憲法違反であり無効である、という主張が可能になります。社会契約としての憲法は、人間の自由を守るため、現実に根拠を持ったとても大切なフィクションといえます。
　次節では、ルソー『社会契約論』を手がかりに、社会契約と法、そして自由の関係について、さらに掘り下げて考えてみたいと思います。

2　直接民主政と間接民主政——ルソー、アーレント

　ルソーは次のように述べています。

ルソー（中山元訳）2008 ［原書 1762］『社会契約論／ジュネーヴ草稿』光文社古典新訳文庫、18-19 頁、39 頁、41-42 頁
　人は自由なものとして生まれたのに、いたるところで鎖につながれている。自分が他人の主人であると思い込んでいる人も、じつはその人々よりもさらに奴隷なのである。この逆転はどのようにして起こったのだろうか。それについては知らない。それではどうしてその逆転を正当化できたのだろう。わたしはこの問いには答えられると思う。[……]
　「どうすれば共同の力のすべてをもって、それぞれの成員の人格と財産を守り、保護できる結合の形式をみいだすことができるだろうか。この結合において、各人はすべての人々と結びつきながら、しかも自分にしか服従せず、それ以前と同じように自由であり続けることができなければならない」。こ

れが根本的な問題であり、これを解決するのが社会契約である。［……］

　社会契約から、本質的でない要素をとりのぞくと、次のように表現することができることがわかる。「われわれ各人は、われわれのすべての人格とすべての力を、一般意志の最高の指導のもとに委ねる。われわれ全員が、それぞれの成員を、全体の不可分な一部としてうけとるものである。」

　この結合の行為は、それぞれの契約者に特殊な人格の代わりに、社会的で集団的な一つの団体をただちに作り出す。この団体の成員の数は、集会において投票する権利のある人の数と一致する。この団体は、結合の行為によって、その統一と、共同の自我と、その生命と、その意志をうけとるのである。

　このようにして設立されたこの公的な人格は、かつては都市国家という名前で呼ばれていたものであるが、現在では共和国（レピュブリック）とか、政治体という名前で呼ばれている。これは受動的な意味では成員から国家（エタ）と呼ばれ、能動的な意味では成員から主権者（スブラン）と呼ばれる。さらに同じような公的な人格と比較する場合には、この人格は主権国家と呼ばれるのである。［……］

　ルソーは、「人は自由なものとして生まれたのに、いたるところで鎖につながれている」といいます。自由な存在として生まれたはずの人間は、じつは奴隷状態に置かれています。ルソーは、この問題を解決するのが社会契約であり、「われわれのすべての人格とすべての力を、一般意志の最高の指導のもとに委ね」て主権国家を設立する、といいます。

　それでは、社会契約によって成立した国家において、どのように法を制定すれば人間の自由につながるのでしょうか。ここでは、直接民主政と間接民主政を対比してみたいと思います。日本国憲法の立場を確認しておきましょう。

日本国憲法（1946）

前文　日本国民は、正当に選挙された国会における代表者を通じて行動し、［……］ここに主権が国民に存することを宣言し、この憲法を確定する。そもそも国政は、国民の厳粛な信託によるものであつて、その権威は国民に由来し、その権力は国民の代表者がこれを行使し、その福利は国民がこれを享受する。［……］

第41条　国会は、国権の最高機関であつて、国の唯一の立法機関である。

　日本国憲法前文は、その冒頭で日本国民が「国会における代表者を通じて行動」することを強調しています。ここで示されているのは、主権を持つ国民の信託によって代表者が国政の権力を行使する、**間接民主政**の原理です。そして、国権の最高機関である国会が「国の唯一の立法機関」として法を制定する、といいます。

　日本国憲法が間接民主政を採用するのはなぜでしょうか。本当は直接民主政が望ましいのだけれども、古代ギリシャのポリスと比べて人口も多く、アゴラに集まることが実際上不可能だから、やむを得ず間接民主政を採用しているのでしょうか。それとも、直接民主政よりも間接民主政のほうが優れているから、日本国憲法はあえて間接民主政を採用したのでしょうか。

　間接民主政においては、まず国民が意見表明と討論を経て、選挙を通じて代表者を選びます。そして、代表者は国会においてさらに専門的な討議を重ね、最終的に多数決によって法律を制定します。このように、間接民主政は丁寧な討議のプロセスを踏むため、直接民主政よりも良い法律が制定される、という考え方もありえます。

　しかし、ルソーは、間接民主政に対して否定的でした。その主たる理由は、「一般意志は譲渡できない」からです[19]。

ルソー（中山元訳）2008［原書 1762］『社会契約論 / ジュネーヴ草稿』光文社
古典新訳文庫、58-59 頁
第二篇
第一章　主権は譲渡しえないことについて
　こうして確立された原則から生まれる最初の帰結、そしてもっとも重要な帰結は、国家は公益を目的として設立されたものであり、この国家のさまざまな力を指導できるのは、一般意志だけだということである。［……］
　［……］主権とは一般意志の行使に他ならないのだから、決して譲り渡すことのできないものであること、そして主権者とは、集合的な存在に他なら

---

19)　ルソーの一般意志は個別意志と対比される概念で、「個別意志とはその本性からして、みずからを優先するものであるが、一般意志は平等を好む傾向がある」、「一般意志はつねに正しく、つねに公益を目指す」、「一般意志は共同の利益だけを目的とするが、全体意志は私的な利益を目指すものに過ぎず、たんに全員の個別意志が一致したにすぎない。あるいはこれらの個別意志から、〔一般意志との違いである〕過不足分を相殺すると、差の総和が残るが、これが一般意志である」等と説明されています。ルソー 2008：59-65 頁。一般意志に関する斬新な議論として、東 2015。

ないから、この集合的な存在によってしか代表され得ないものであることを明確に指摘しておきたい。権力は譲渡できるかもしれないが、意志は譲渡できない。

　ルソー自身も「真の民主政はこれまで存在したことはなく、これからも存在することはないだろうと言わざるをえない」（同書 137 頁）と述べていますが、ルソーにとって、あくまで理想は直接民主政です。ルソーは、議会制民主主義の祖国であるイギリスに対し、皮肉を込めて次のように評しています。ルソーによる辛辣な批判に対して、皆さんはどのように考えるでしょうか。

ルソー（中山元訳）2008 ［原書 1762］『社会契約論 / ジュネーヴ草稿』光文社古典新訳文庫、192 頁
　イギリスの人民はみずからを自由だと考えているが、それは大きな思い違いである。自由なのは、議会の議員を選挙するあいだだけであり、議員の選挙が終われば人民はもはや奴隷であり、無にひとしいものになる。

　ルソーの議論は大変刺激的であり、これまでに大きな論争を呼んでいます。アーレントは、ルソーの議論を次のように厳しく批判しています。

ハンナ・アーレント（引田隆也・齋藤純一訳）1994 ［原書 1958］「自由とは何か」『過去と未来の間――政治思想への 8 試論』みすず書房、222-223 頁
　政治的に見れば、こうした自由と主権の同一視は、自由と自由意志との哲学的な同一視のおそらく最も有害で危険な帰結である。というのも、こうした同一視は、いかなる人びともけっして主権的ではありえないという認識に基づいて人間的自由の否定にいたるか、さもなければ、一人の人間、一集団、一政治体の自由は、他のすべての人びととの自由、すなわち他のすべての人びととの主権を犠牲にすることによってのみ購われうるという見方に傾くかの、いずれかだからである。旧来の哲学の概念の枠組みでは、自由でありながら主権的でないこと、いいかえれば、主権性を欠きながらなおも人びとが自由でありうるなどおよそ理解を絶することである。実際、人間が主権的ではないという事実を理由に自由を否定するのが非現実的であるのと同様、主権的でありさえすれば、人は――個人としてもしくは一集団として――自由でありうると信じるのも危険である。政治体がもつ主権という周知の事柄はこ

れまでつねに幻想でしかなかった。そればかりか、そのような幻想は、暴力
という道具すなわち本質的に非政治的な手段によってのみ維持されうるもの
にすぎない。人間の条件は、一人ではなく複数の人間が地上に生きていると
いう事実によって規定されており、この条件のもとでは、自由と主権はまっ
たく異質であり、同時には存在することさえできない。人びとが、個人とし
てであれ組織された集団としてであれ、主権的であろうとするならば、かれ
らは、自我が自ら自身に強いる個人的な意志か組織された集団の「一般意
志」か、いずれにしても意志の抑圧に屈伏せざるをえない。人びとが自由で
あろうとするなら、まさにこの主権こそが放棄されねばならないのである。

　アーレントは、ルソーに見られる自由と主権の同一視を批判します。アー
レントによれば、「主権的でありさえすれば、人は自由でありうる」と信じ
るのは危険です。政治体が持つ主権はこれまでつねに幻想でしかなく、その
ような幻想は、暴力という道具によってのみ維持されうるものに過ぎないか
らです。アーレントは、人々が主権的であろうとするならば、自我が自ら自
身に強いる個人的な意志か組織された集団の「一般意志」か、いずれにして
も意志の抑圧に屈伏せざるをえない、と指摘します。アーレントは、ナチ
ス・ドイツによる全体主義体制などを念頭に置いていると思われます（あわ
せて参照、アーレント 2017）。

　ルソーの説く社会契約は、人間を自由にするものなのでしょうか。それと
も、人間を抑圧するものなのでしょうか。この点を考えるためにも、自由と
いう言葉が有する多様な意味について整理しておくことが重要になります。
節を改めて、自由の多義性について整理してみましょう。

3　自由の多義性──コンスタン、バーリン

　ここでは、コンスタンによる古代人の自由と近代人の自由、そして、バー
リンによる消極的自由と積極的自由という考え方を紹介します。

(1) 古代人の自由と近代人の自由

　バンジャマン・コンスタンは、政治という公的領域に「自由」を見いだす
古代人と、個人の私的領域に「自由」を見いだす近代人、という大きく異な

る自由観を対比しています。

> バンジャマン・コンスタン（大石明夫訳）1999「近代人の自由と比較された
> 古代人の自由について──1819年、パリ王立アテネ学院における講演」『中
> 京法学』33巻3＝4号、173-186頁
>
> 　古代人の目的は、祖国を同じくする市民の全員が社会の集団的権力を共有
> するところにあり、そのことが、かれらが自由と名付けたものであります。
> ところが近代人の目的は、個人の私的な享受の安全が保証されることであり、
> 近代人は、その享受が政治制度によって与えられる保証を自由と名付けたの
> であります。[……]
>
> 　古代的自由の危険性は、人びとがひたすら社会的権力の共有を確保するこ
> とに熱心なあまり、個人的権利と、その享受をあまりにも軽視し過ぎるとこ
> ろにありました。これに対して、近代的自由の危険性といえば、それは、わ
> れわれが自分たちの私的独立の享受と、個人的利益の追求に心を奪われ、あ
> まりにも安易に政治権力を分担するという、われわれの権利を放棄する点に
> あるのではないかと思われるのであります。[……]
>
> 　もし、われわれが政治的自由を放棄するならば、われわれは一体、どこに
> それらの保証を見いだすことができるでしょうか？　皆さん、政治的自由を
> 放棄するということは、丁度、自分は二階にしか住まないのだからということ
> とを口実にして、土台のない建物を砂上に建てると言い張る人間がどうかし
> ているのとよく似た、狂気の沙汰に他ならないのであります。[……]
>
> 　皆さん、私があなた方にお話し致しました二種類の自由の、そのいずれを
> も絶対に放棄しないでいただきたいのであります。私がここで述べましたと
> ころの二つの自由は、相互に結合されるべきものであります。[……]

　近代人の自由はプライバシーなど私的領域の自由、古代人の自由は政治参
加の自由に対応します。皆さんにとっては、どちらが重要でしょうか。

　近代人はあまり意識しませんが、私的領域における自由は、じつは政治参
加の自由が基盤となっています。もしも、選挙に行かないのも個人の自由だ、
と主張するなら、コンスタンからは「砂上に楼閣を建てようとする人間のそ
れと同じくらい狂気の沙汰」と言われてしまうでしょう。コンスタンは、私
的領域における自由と公的領域における自由は相互に結合されるべきもので
あるため、「二種類の自由の、そのいずれをも絶対に放棄しないでいただき

たい」といいます。

(2) 積極的自由と消極的自由

次に、積極的自由と消極的自由という考え方を紹介します。

I. バーリン（小川晃一・小池銈・福田歡一・生松敬三訳）2000［原書 1969］「二つの自由概念」『自由論〔新装版〕』みすず書房、303-304 頁

　自由という言葉（わたくしは freedom も liberty も同じ意味で用いる）の政治的な意味の第一は——わたくしはこれを「消極的」negative な意味と名づけるのだが——、次のような問いに対する答えのなかに含まれているものである。その問いとはつまり、「主体——一個人あるいは個人の集団——が、いかなる他人からの干渉もうけずに、自分のしたいことをし、自分のありたいものであることを放任されている、あるいは放任されているべき範囲はどのようなものであるか」。第二の意味——これをわたくしは「積極的」positive な意味と名づける——は、次のような問い、つまり「あるひとがあれよりもこれをすること、あれよりもこれであること、を決定できる統制ないし干渉の根拠はなんであるか、まただれであるか」という問いに対する答えのなかに含まれている。この二つの問いは、それへの解答は重複することがあるにしても、それぞれ明らかに区別されるちがった問いなのである。

　消極的自由は他者による干渉の欠如、積極的自由は自己支配のことを指します。皆さんにとっては、どちらが重要でしょうか。

　バーリンは、積極的自由は**「真の自己による支配」**という名目によって、個人が国家、階級、国民といった超個人的実体の意思に服することを正当化してしまうと考え、消極的自由の重要性を強調します（参照、齋藤 2005：28 頁）。この指摘は、ルソーを批判したアーレントの問題意識にも重なるように思われます。

　他方、「いかなる他人からの干渉もうけずに、自分のしたいことをし、自分のありたいものであることを放任され」ればそれで良いのか、それが本当の自由なのか、という点も気になるところです。皆さんにとって自由とは何を意味するのか、どのような自由を目指すべきなのか、本章で紹介した文献を手に取りつつ、ぜひディスカッションしてみてください。

探究課題

1　多数決や選挙を行えば、民主的といえるのでしょうか。
⇨宇野重規 2020『民主主義とは何か』講談社現代新書
2　政治学において、「自由」はどのように語られてきたのでしょうか。
⇨佐々木毅編 1995『自由と自由主義──その政治思想的諸相』東京大学出版
会；福田歓一 1985『政治学史』東京大学出版会；Z. A. ペルチンスキー・J. グレ
イ編（飯島 昇蔵・千葉眞訳）1987『自由論の系譜──政治哲学における自由の
観念』行人社

引用文献

東浩紀 2015『一般意志2.0　ルソー、フロイト、グーグル』講談社文庫

ハンナ・アーレント（引田隆也・齋藤純一訳）1994「自由とは何か」『過去と未
　　来の間──政治思想への8試論』みすず書房

ハンナ・アーレント（大久保和郎訳）2017『全体主義の起原 1〔新版〕』みすず
　　書房

来栖三郎 1999「フィクションとしての社会契約」『法とフィクション』東京大学
　　出版会

バンジャマン・コンスタン（大石明夫訳）1999「近代人の自由と比較された古代
　　人の自由について──1819年、パリ王立アテネ学院における講演」『中京法
　　学』33巻3＝4号

齋藤純一 2005『思考のフロンティア　自由』岩波書店

I. バーリン（小川晃一・小池銈・福田歓一・生松敬三訳）2000「二つの自由概念」
　　『自由論〔新装版〕』みすず書房

ホッブズ（永井道雄・上田邦義訳）2009『リヴァイアサン I』中公クラシックス

ルソー（中山元訳）2008『社会契約論/ジュネーヴ草稿』光文社古典新訳文庫

ジョン・ロック（加藤節訳）2010『完訳　統治二論』岩波文庫

◗ コラム ◖

国際関係と法

　国際社会に法は存在するのでしょうか。それとも、結局、力が支配しているのでしょうか。「国際法は法か」というのは、古くから議論されている問題です[20]。

　モーゲンソーは、次のように述べています。

> モーゲンソー（原彬久監訳）2013［原書 1978］『国際政治——権力と平和（上）』岩波文庫、94 頁
>
> 　国際政治とは、他のあらゆる政治と同様に、権力闘争である。国際政治の究極目的が何であれ、権力はつねに直接目的である。政治家も国民も、最終的には自由、安全、繁栄あるいは権力そのものを求めているのかもしれない。彼らはその目標を、宗教的、哲学的、経済的あるいは社会的な理想に照らして定義するかもしれない。そして彼らは、この理想がそのうちなる力や神の御恵みによって、あるいは人間にまつわることどもの自然な発展によって実現されていくことを望むかもしれない。また彼らは、他国や国際組織との技術的な協力といった非政治的な手段によってその実現を推進しようとするかもしれない。しかし彼らが、国際政治によってその目標を実現しようとするときは、結局それはいつでも権力獲得の努力によって果たされるのである。

　これは、ホッブズの「各人の各人にたいする戦争状態」（⇨第3章）という議論と類似しており、国際関係においては力と欺瞞こそが支配する、という発想と親和的です。これに対しカントは、「国際法は、自由な国家の連合に基礎をおくべき」として、国際協調や国際法の重要性を説いています（⇨第5章）。ホッブズやモーゲンソーの立場はリアリズム、カントの立場はリベラリズムと呼ばれますが、皆さんはいずれの考え方に賛同するでしょうか。

---

20)　参照、ハート 2014。

　近代ヨーロッパに誕生した国際秩序は「国家を主体とし、その国家が戦争を遂行することを当然の手段として認める体系」（藤原 2007：11 頁）とされます。国家間の戦争に正義の判断を介在させることで際限のない宗教戦争に発展し、制御不能に陥ってしまった経験から（⇨第 10 章）、正しい一元的価値の追求は封じ込め、もっぱら個別国家間の利害を調整して紛争発生を回避し、勢力均衡による国際関係の安定化に努める、という考え方が登場しました。

　このような歴史的背景のもとで誕生した国際秩序においては[21]、平等な主権を持つ国家が並立する構造となっており、国際社会に世界政府は存在しません。そのため、国際法違反が生じても責任追及がなされず、そのままになってしまうことがあります。このような事態を受けて、「国際法はいつも無視されており、無力である」という論調があります[22]。

これに対しては、ヘンキンが述べた以下の言葉がよく知られています。

Louis Henkin 1979, *How Nations Behave: Law and Foreign Policy* (2d. ed.), Columbia University Press, p. 47[23]

　法に対する違反は注目を集めるし、時に重大で劇的な違反も生じている。しかし、国家が法と義務に対して日常的に忠実に従っていることは、ほとんど気づかれていない。おそらく、ほぼすべての国家は、ほぼすべての国際法原則及びほぼすべての義務に対し、ほぼいつも従っている。毎日、諸国は他国の国境を尊重しているし、外国の外交官や市民、財産を法によって要求された通りに扱っているし、100 を超える国家との間の数千の条約を遵守している。

　確かに、超大国による重大な国際法違反がそのままになることもあります。しかし、ヘンキンは、そのような事態は例外的であり、日常的には、ほとんどの国際法は遵守されている、と強調しています。

---

21)　国際法の歴史に関する複数の見方について、⇨第 4 章。
22)　筆者がアメリカ合衆国に留学して国際法を学んでいたとき、国際関係論を専攻する学生から「国際関係において、国際法は単なるジョークだからね（"international law is just a joke in international relations."）」と言われたことを思い出します。
23)　翻訳は筆者による。

　国際関係において、法の支配は可能でしょうか。法によって、正義、自由、人権といった価値を追求することはできるのでしょうか。こうした問題意識を持って、ぜひ国際法を学んでみていただきたいと思います（⇨第4章、第5章）。

引用文献

H. L. A. ハート（長谷部恭男訳）2014『法の概念〔第3版〕』ちくま学芸文庫

藤原帰一 2007『国際政治』放送大学教育振興会

モーゲンソー（原彬久監訳）2013『国際政治──権力と平和（上）』岩波文庫

Louis Henkin 1979, *How Nations Behave: Law and Foreign Policy*（2d. ed.）, Columbia University Press

真実の物語とは何か
歴史と法

「参照基準」は、次のように述べています。

> 歴史学は無限の過去の中から、自己にとって有意義と考えられる事象を自ら選択し、自らの価値観に従って、その意味を追究する営みである。したがって、歴史学的認識は主体的なものであり、認識者の主体性から切り離すことはできない。
> しかし、同時に、歴史的認識は「科学的」でなければならない。主体的ということと、「主観的」・「恣意的」ということとは全く異なる。歴史的認識は厳密な実証的手続きによる「史実」の確定に基づかなければならず、また、事象との間の関連性の把握において、論理的でなければならない。
> （「参照基準　歴史学分野」2014：ii-iii 頁）

本章では、「自由の普遍史」という議論を紹介した後、「真実の物語」としての歴史学を考察します。さらに、法学分野における歴史的考察の例として、国際法の歴史に関する最新の議論を扱います。

┃ディスカッション・クエスチョン┃

1　自由は、世界史における普遍的な本質なのでしょうか。
2　「真実の物語」とは、何を意味するのでしょうか。
3　国際法は、ヨーロッパにおいて誕生したのでしょうか。

1　自由の普遍史──カント、ヘーゲル

はじめに、自由を普遍的な本質とみる観点から世界史を描いた古典を紹介します。カントによる「世界市民という視点からみた普遍史の理念」という文章の一部を読んでみましょう。

カント（中山元訳）2006［原書 1784］『永遠平和のために / 啓蒙とは何か』
光文社古典新訳文庫、32 頁、43-44 頁

　形而上学の観点からは人間の意志の自由の概念について、さまざまな理論
を構築することができる。しかし意志が現象として示される人間の行動は、
ほかのすべての自然の出来事と同じように、一般的な自然法則によって定め
られている。歴史とは、こうした意志の現象としての人間の行動についての
物語である。だから行動の原因が深いところに隠されているとしても、歴史
は次のことを示すものと期待できる。人間の意志の自由の働きを全体として
眺めてみると、自由が規則的に発展していることを確認できるのである。ま
た個々の主体については複雑で規則がないようにみえる場合にも、人類全体
として眺めてみると、人間の根本的な素質であるこの自由というものが、緩
慢ではありながらつねに確実に発達していることを認識できるのである。
［……］

　人類が自然によって解決することを迫られている最大の問題は、普遍的な
形で法を施行する市民社会を設立することである。このような社会でなけれ
ば、自然の最大の意図、すなわち人間のすべての素質を発展させるという意
図が実現されないのである。この社会において市民たちには最大の自由が与
えられる。そして市民たちはどこでも敵対的な関係のもとにありながらも、
他者の自由が守られるようにする。そして各人の自由の限界は厳密に規定さ
れ、確保されるのである。自然は人類がこの社会を独力で構築し、人類に定
められたすべての目的をみずからの力で実現することを望んでいるのである。
だからこれは、だれも抵抗することのできない権力のもとで外的な法律に守
られている自由が、できるかぎり最大限に実現されるような社会である。す
なわちまったく公正な市民的な体制を設立することこそが、自然が人類に与
えた最高の課題なのである。

　カントは、人類の歴史を全体として眺めると、自由というものがつねに確
実に発達している、といいます。このような歴史観に立って、自由ができる
限り最大限に実現されるような社会、すなわち、「公正な市民的な体制を設
立すること」こそ、人類の最高の課題だ、と主張しています[24]。カントと同

---

24)　カント「世界市民という視点からみた普遍史の理念」には、社会契約論につながっていく
　　「市民的な共同体という〈檻〉」（カント 2006：45 頁）という興味深い概念も登場します。

様、ヘーゲルも、「自由の意識が前進していく過程」として世界史を捉えています。

ヘーゲル（長谷川宏訳）1994［1822〜1831年頃の講義］『歴史哲学講義（上）』岩波文庫、38-42頁

　哲学の教えによると、精神のすべての性質は自由なくしては存在せず、すべては自由のための手段であり、すべてはひたすら自由をもとめ、自由をうみだすものです。自由こそが精神の唯一の真理である、というのが哲学的思索のもたらす認識です。［……］

　精神は自由だ、という抽象的定義にしたがえば、世界の歴史とは、精神が本来の自己をしだいに正確に知っていく過程を叙述するものだ、ということができる。［……］

　東洋人は、精神そのもの、あるいは、人間そのものが、それ自体で自由であることを知らない。自由であることを知らないから、自由ではないのです。かれらは、ひとりが自由であることを知るだけです。が、ひとりだけの自由とは、恣意と激情と愚鈍な情熱にほかならず、ときに、おとなしくおだやかな情熱であることもあるが、それも気質の気まぐれか恣意にすぎません。だから、このひとりは専制君主であるほかなく、自由な人間ではありません。——ギリシャ人においてはじめて自由の意識が登場してくるので、だから、ギリシャ人は自由です。しかし、かれらは、ローマ人と同様、特定の人間が自由であることを知っていただけで、人間そのものが自由であることは知らなかった。プラトンやアリストテレスでさえ、知らなかった。だから、ギリシャ人は奴隷を所有し、奴隷によって美しい自由な生活と生存を保証されていたし、自由そのものも、偶然の、はかない、局部的な花にすぎず、同時に、人間的なものをきびしい隷属状態におくものでもあったのです。——ゲルマン国家のうけいれたキリスト教においてはじめて、人間そのものが自由であり、精神の自由こそが人間のもっとも固有の本性をなすことが意識されました。［……］

　世界史とは自由の意識が前進していく過程であり、わたしたちはその過程の必然性を認識しなければなりません。［……］

　ヘーゲルによる「東洋人はひとりが自由だと知るだけであり、ギリシャとローマの世界は特定の人びとが自由だと知り、わたしたちゲルマン人はすべての人間が人間それ自体として自由だと知っている」（同書41頁）という三

区分は単なるヘーゲルの無知と偏見によるのでは、といった疑問もあります
が、ヘーゲルの壮大な歴史観には、リベラルアーツのなかでぜひ触れておく
と良いでしょう。

　ヘーゲルは「国家こそが、絶対の究極目的たる自由を実現した自主独立の
存在であり、人間のもつすべての価値と精神の現実性は、国家をとおしてし
かあたえられない」と述べ、自由と国家との密接な結びつきを強調していま
す。ヘーゲルにおいては、「社会と国家こそが自由を実現する場」（同書77頁）
なのです。そして、「法律とは精神の客観的なあらわれであり、意思の真実
のすがたであって、法律にしたがう意思だけが自由」とされます。ヘーゲル
においては、自由、法、国家、そして世界史が不可分のものとして結びつい
ています[25]。

　このようなヘーゲルの議論を踏まえつつ、フランシス・フクヤマは自由と
平等を基盤とする民主主義の理念、すなわちリベラル・デモクラシーの勝利
によって「歴史の終わり」が来るかもしれない、と主張しました（フクヤマ
2020［原書1992、2006］）。リベラル・デモクラシーは、科学技術と同じように
地域や歴史を超える普遍性を持つのでしょうか。この問いに対してどのよう
に応答するかによって、日本を含め、現代の世界各国における法制度のあり
方をどのように評価するかも変わってきます。ぜひ友人とディスカッション
してみてください。

2　歴史とは何か──イブン＝ハルドゥーン、アーノルド、津田左右吉

　普遍史としての歴史観とは異なり、近代以降の歴史学では実証的な手続き
を重視します。「参照基準」は、**歴史認識の「科学性」**と題して次のように
述べています。

　　歴史認識が主体的であると同時に「科学的」なものであるためには、
　　史資料の扱いも「科学的」でなければならない。史資料の選別には慎重
　　でなければならず、偽作や贋作を見抜く力を養う必要もある。恣意的な
　　解釈や思い込みによる解釈が史資料の誤った理解を引き起こした例も決

---

25)　ヘーゲルに対しては強い批判もなされています。例えば、碧海純一によるヘーゲル批判につ
　　いて、⇨第8章。

して少なくない。特に、モノとして存在せず、人々の記憶の中にのみ存在するものを資料として利用する場合には、さまざまな立場の人々の記憶をつき合わせるなど、十分な注意が必要である。

　ただし、過去の事実を実験によって追検証することが不可能な歴史学の場合、自然科学（実験科学）的な意味で「科学的」であることはできない。歴史における「科学性」とは、究極的には、人間としての了解可能性、より平易に言えば、過去のある事実に関する捉え方が、自らの存在と体験に即して納得できるものであるかどうかという点にかかっているということができるであろう。（「参照基準　歴史学分野」2014：3-4頁）

　「学問としての歴史学の父」（山内 2003：39頁）とも呼ばれるイブン゠ハルドゥーンの『歴史序説』は14世紀に書かれたものですが、根拠の薄弱な物語を語る歴史家を厳しく批判し、「歴史学は［……］よき洞察力と実証性を必要とする」（イブン゠ハルドゥーン 2001：35頁）として**史料批判**の重要性を強調しています。史料批判とは、史料の真偽、信憑性、根拠を明らかにし、果たしてその素材が歴史の研究や叙述のために使える材料か否かを判断する作業です（山内 2003：37頁）。「参照基準」が示しているように、現代の歴史学も、事実を確定するための厳密な手続きを重視します。

　しかし同時に、歴史学は厳密な実証的手続きや、単なる事実の集積に還元し切ることのできない魅力を持っています。イブン゠ハルドゥーンが歴史学について語った部分を読んでみましょう[26]。

イブン゠ハルドゥーン（森本公誠訳）2001［原書 1377］『歴史序説 (1)』岩波文庫、20-22頁、35-36頁

　歴史学は諸々の民族や種族のあいだで、誰もが修めようと努め、熱心に探求しようとする一つの学問である。町の庶民や名もない人々もそれを知りたがり、諸王や諸侯もそれを渇望する。

　学者も無学の者も、ともに歴史を理解することができる。なるほど歴史は、外面的には政治的事件、諸国家、遠い過去に起こった先例などの報告以上のものではない。［……］

---

26)　イブン゠ハルドゥーン（1332-1406）はチュニス生まれのアラブ人歴史家で、『歴史序説』は「イスラーム文明最大の歴史書」と評されています。参照、森本 2011。

> だが、内面的には、歴史は思索であり、真理の探求であり、存在物そのものやその起源の詳細な説明であり、また諸事件の様態とその原因に関する深い知識である。したがって歴史は、哲学に深く根ざしており、哲学の一分派にかぞえるのが適切である。

　イブン＝ハルドゥーンが述べるように、「歴史は思索であり、真理の探求であり」、そして「哲学に深く根ざして」います。実証的な史料批判に基づきながら、深い哲学的な考察が示されるところに、歴史学の魅力があります。
　歴史学の意義について、アーノルドは「**真実の物語**」という言葉で表現しています。

> ジョン・H・アーノルド（新広記訳）2003『歴史』岩波書店、20 頁
> 　歴史家は物語を語る。読者を（さらには自分自身を）説得する作業を行なうという意味では。その説得の方法は部分的には「真実」によって決められる──つまり、でっち上げや改変をしてはならないという意味で──しかし同時に、過去についての語りを興味深い、役に立つ形にまとめあげる作業によっても左右される。過去それ自体は語りの形式をなしてはいない。全体とすれば、それは人生そのもののように、まとまりを持たない混沌とした複雑な存在である。歴史研究とはその混乱状態を理解し、その大きな渦のなかからパターンや意味や物語を見つけ出す、あるいは創り出すことなのだ。

　アーノルドは、「真実」という言葉によって史料批判や歴史的事実の重要性を強調しつつ、書き手の洞察力を踏まえた「語り」の重要性を説いています。ここから、歴史とは、「過去に関する真実の物語から構成された、ひとつのプロセスであり、議論である」（同書 21 頁）と興味深い定義が導かれます。

　津田左右吉は「歴史とは何か」という文章のなかで、「**詩人**」という言葉を用いています。

> 津田左右吉 1965 ［原書 1952］『津田左右吉全集　第 20 巻　歴史学と歴史教育』岩波書店、133 頁
> 　歴史的現象は人の生活であり、人の行動であるから、歴史を知るには何よりも「人」を知らねばならず、さうして「人」を知るには、知らうとするも

の自身がそれを知り得るだけの「人」であることが必要である、といふこと
と、知るといふことは、生活とその過程と、即ち生きてゐる人の生きてゐる
生活、断えず未来に向つて歴史を作つて来たその過程、を具体的なイメィジ
として観ずる意義であることと、この二つのことをいつておきたい。[……]
さうしてそれは、「人」に対する鋭い洞察と深い同情とをもち、具体的なイ
メィジを作るゆたかな想像力を具へてゐるもの、一くちにいふと詩人的な資
質をもつもの、にして始めてなし得られる。歴史を研究するのは学問であり、
それを科学といつてもよいが、歴史を知りまた書くのは、詩人でなくてはな
らぬ。

　ここでも、厳密な史料批判を重視する科学の側面とともに、「人」に対す
る鋭い洞察、深い同情、ゆたかな想像力、といった資質を強調している点を
確認しておきたいと思います。

3　国際法誕生の歴史──グローチウス、中井愛子

　ここで、法学分野における鋭い歴史的考察の例として、国際法誕生の歴史
に関する最新の議論を紹介します。
　まず、国際法学の古典として、グローチウスの文章を読んでみましょう。

グローチウス（一又正雄訳）1950［原書 1625］『戦争と平和の法　第1巻』巌
松堂出版、18頁
　人民の間には、戦争を行ふについて、且つまた戦争に関して（ad bella et
in bellis）有効なる共通法が存在するといふ、予が既に行った考察を確めん
とするところに、予が本書を著はさんとする多くの、而して重要なる理由が
存する。予はキリスト教の世界を通じて、野蛮族といへども恥ずべきやうな、
戦争に対する抑制の欠如を認める。予はまた、人々が些細の理由のために、
或は何等原因のないのに戦争に走ることを、また武器が一度執られた時には、
恰も狂人があらゆる犯罪を行ふことをある法令に従って放任されるが如くに、
神意法であらうが、人意法であらうが、これに対する一切の尊敬がなくなっ
てしまふことを認めるものである。

　グローチウスは、戦争に対する抑制が欠如しているために際限なく野蛮な

状態になってしまった現実を嘆いています。『戦争と平和の法』は、凄惨な戦争状態に対しなんとかして歯止めをかけるため、たとえ神がいなかったとしても、自然法に基づく国際法が非キリスト教徒との間にも観念できるはずだ、という議論を展開しました（⇨第2章）。

　ネルはグローチウス『戦争と平和の法』を引用しながら、宗教戦争と植民戦争という現実の惨状を受け、学者が戦争だらけの現状を多少とも法的に整理する道はないかと考えはじめたのが国際法という分野の誕生であった、と説きます。

クヌート・W・ネル（村上淳一訳）1999 [1998年の講演]『ヨーロッパ法史入門——権利保護の歴史』東京大学出版会、92-93頁

　駆動力となったのは机上の関心などではなく、現実の惨状であった。これは宗教戦争と植民戦争の時代である。そのような背景の下で、学者は、粗野な戦争だらけの現状を多少とも法的に整理する道はないかと考えはじめたのである。これが、国際法という新しい分野の誕生であった。ところが、ローマ法を含む当時のいろいろな法秩序の規則から国際法の体系を作ることは不可能であったから、学者は自然法すなわち若干の大原則を手がかりとして、そこから他のすべてを導き出そうとしたのである。国際法と自然法は一体を成して生まれたのであった。神学者たちと法学者たちがこの新たな対象と取り組んだが、最も名声の高かったのがオランダ人フーゴ・グローティウス（1583〜1645）と、その記念碑的著作『戦争と平和の法』（1625）である。グローティウスはまだキリスト教的基礎から切っても切れない精神世界に生きており、したがって今までどおり、自然法というものは神の創造に根ざしていると考えていたが、それにもかかわらず、非キリスト教的諸国民をも拘束する国際法を形成しようと企てた。そうなると、神を中心に据えて自然法を基礎づけるわけにはいかない。そこで、かれは、唯名論的発想によって、かりに神が存在しないとしてもこうなるはずだという理論的構築物を作りあげたのである。これは、すでに、自然法の世俗化というものの第一歩であり、それがやがて啓蒙主義者たちによって遂行されることになる。

　ネルはグローチウスに言及しながら、ヨーロッパにおいて自然法が世俗化されて国際法が誕生した、とする物語を描いています。こうして、国際法はヨーロッパにおいて誕生し、次第に非ヨーロッパに広がっていった、という

「真実の物語」が生まれます。これは、これまで幅広く受け入れられてきた常識的な見方であるといえます。

　これに対して近年、集団安全保障、外交的庇護、武力行使の禁止、といった国際法の重要概念は、西欧の支配に抗うためにラテンアメリカ諸国がつくったものだった、という新しい見方が示されています。

中井愛子 2020『国際法の誕生——ヨーロッパ国際法からの転換』京都大学学術出版会、588-589 頁

　欧州に始まった近代国際法は、自然法ではなく実定国際法を問題とする限り、文明・文化的な同質性を基礎とする、類似する者同士の法であった。類似する者同士の法であった近代国際法は、欧州諸国のみで構成されていた「文明国」の国際社会に集団で加入した、初めての非欧州国家群である米州諸国との出会いを経て、今日観念されるような異なる者同士の法に変わった。国際社会への非欧州諸国の包摂の過程は、非欧州諸国による既存の国際法の受容という一方通行的な過程ではなく、並行して既存の国際法の側も相当の変化を受容する双方向的な過程であった。換言すれば、今日の国際法は、欧州と非欧州の相互の作用によって誕生したのである。この点で、非欧州諸国が欧州国際法を受けいれ、それによって欧州国際法が普遍化して今日の国際法になった、との理解は修正されなければならない。

　これは「西洋から発展した国際秩序」という常識を覆すスリリングな議論です。しかも、同書は一次資料に対する丁寧な分析を通じ、この主張を歴史学的に論証した点が大いに注目されます。このように、法の歴史をめぐっては、新しい研究によってこれまでの「真実の物語」が覆り、大きく異なる新しい視点が拓ける、ということが起こります。リベラルアーツの法学においては、ぜひこのような最先端の議論にも触れていただきたいと思います。

　中井は、同書の末尾において次のような指摘を行っています。

中井愛子 2020『国際法の誕生——ヨーロッパ国際法からの転換』京都大学学術出版会、589 頁

　国際社会の多様性を是認するならば、国際法は、もはや、異なる文明・文化の間に優劣を仮定したり、そのいずれかの価値を普遍的とみなし、他を特殊とみなして特定の価値を他者に押しつけることがあってはならない。他方

> で、異なる中にも普遍的な共通性をみいだし、個別であるべきものは個別に任せつつ、人類に共通であるべきものについては普遍的な規範のあり方を追求していくのも、国際法の使命である。

　これからの世界において「**個別であるべきもの**」、そして、「**人類に共通であるべきもの**」とは、それぞれ何なのでしょうか。自由や民主主義はどちらに当てはまるのでしょうか。人権はどうでしょうか。ぜひこの点もディスカッションしてみてください。

探究課題

1　歴史は進歩するのでしょうか。
⇨ E. H. カー（清水幾太郎訳）1962『歴史とは何か』岩波新書；リン・ハント（長谷川貴彦訳）2019『なぜ歴史を学ぶのか』岩波書店
2　リベラル・デモクラシーを採用していない国家に対し、欧米諸国が法制度の変革を求めることは正当でしょうか。
⇨ジョン・ロールズ（中山竜一訳）2006『万民の法』岩波書店

引用文献

碧海純一 1965『法と言語』日本評論社

ジョン・H・アーノルド（新広記訳）2003『歴史』岩波書店

カント（中山元訳）2006『永遠平和のために／啓蒙とは何か』光文社古典新訳文庫

グローチウス（一又正雄訳）1950『戦争と平和の法　第1巻』巌松堂出版

津田左右吉 1965『津田左右吉全集　第20巻　歴史学と歴史教育』岩波書店

中井愛子 2020『国際法の誕生——ヨーロッパ国際法からの転換』京都大学学術出版会

クヌート・W・ネル（村上淳一訳）1999『ヨーロッパ法史入門——権利保護の歴史』東京大学出版会

イブン＝ハルドゥーン（森本公誠訳）2001『歴史序説（1）』岩波文庫

フランシス・フクヤマ（渡部昇一訳）2020『新版　歴史の終わり（上）（下）』三笠書房

ヘーゲル（長谷川宏訳）1994『歴史哲学講義（上）』岩波文庫

山内昌之 2003『歴史の作法——人間・社会・国家』文春新書

森本公誠 2011『イブン＝ハルドゥーン』講談社学術文庫

正しい戦争はあるか
平和と法

　紛争を解決し、平和をもたらすことは法の究極目標といえます。法は、平和のために何ができるのでしょうか。本章では、「法は自由と平和の技術である」という考え方を紹介し、平和を守るための国際法の仕組みと限界、そして、日本国憲法9条の解釈について考察します。最後に、平和という言葉の多様な意味について確認します。

▌ディスカッション・クエスチョン▌
1　平和と自由はどのような関係にあり、法とはどのように関連するのでしょうか。
2　自衛のための戦争や人道的介入は、正しい戦争でしょうか。
3　平和とは、何を意味しているのでしょうか。

1　平和の技術としての国際法──ミルキヌ゠ゲツェヴィチ、カント

　ミルキヌ゠ゲツェヴィチは、自由と平和とは密接不可分のものであり、法は「自由と平和の技術」である、と位置づけています。

> ミルキヌ゠ゲツェヴィチ（小田滋・樋口陽一訳）1964［原書 1933］『憲法の国際化──国際憲法の比較法的考察』有信堂、21頁
> 　憲法においては、すべての問題は自由の技術をつくりあげることにあるが、国際法においては、唯一の目的は平和の技術である。［……］
> 　法、それは自由と平和の技術であり、規律の実際の結果と目的は、その学問的解釈よりもより重要なのである。

　ここでは、**自由の技術**として憲法を位置づける考え方（⇨第3章）と対比して、**平和の技術**として国際法が位置づけられています。本章では、平和の

技術である国際法と、自由の技術である憲法の両方を具体的に検討していきます。

　まず、各人が自由であるということから出発して永遠平和の原理を説く古典、カント『永遠平和のために』を読んでみましょう。

カント（中山元訳）2006［原書 1795］『永遠平和のために / 啓蒙とは何か』
光文社古典新訳文庫、162-166 頁
◆　永遠平和のための第一確定条項
　　どの国の市民的な体制も、共和的なものであること
◇　共和的な体制の条件
　共和的な体制を構成する条件が三つある。第一は、各人が社会の成員として、自由であるという原理が守られること。第二は、社会のすべての成員が臣民として、唯一で共同の法に従属するという原則が守られること。第三は、社会のすべての成員が国家の市民として、平等であるという法則が守られることである[*]。この共和的な体制こそが、原初の契約の理念から生まれたものであり、民族のすべての正当な立法の基礎となるものである。だから共和的な体制は、あらゆる種類の市民的な体制の根源的な土台となるものである。

原注[*]
　自由というと、「他者に不正を加えなければ、好きなことをしてもよい」という各人の〈権限〉という観点から定義されることが多いが、法的な（そして外的な）自由はこの観点からは定義することができない。[……]
　わたしの外的な（法的な）自由とは、このような方法ではなく、次のようにして説明できるのである —— わたしがあらかじめみずから同意しておいた法則だけにしたがい、それ以外にはいかなる外的な法則にもしたがわない権限があるときに、わたしは外的に自由なのである。国家における国民の外的な（法的な）平等も同じように説明できる。国民が、同じ法に平等にしたがい、同じように拘束される可能性があるのでなければ、いかなる他者も法的に拘束できないときに、国民は平等なのである。こうした権利は人々に生得的に認められたものであり、必然的で譲渡しえない性質のものである。[……]

◆　第二確定条項
　　国際法は、自由な国家の連合に基礎をおくべきこと
◇　自然状態にある国家
　　国家としてまとまっている民族は、複数の人々のうちの一人の個人のよう

なものと考えることができる。民族は自然状態においては、すなわち外的な法にしたがっていない状態では、たがいに隣あって存在するだけでも、ほかの民族に害を加えるのである。だからどの民族も、みずからの安全のために、個人が国家において市民的な体制を構築したのと同じような体制を構築し、そこでみずからの権利が守られるようにすることを、ほかの民族に要求することができるし、要求すべきなのである。

ただしこれは国際的な連合であるべきであり、国際的に統一された国際的な国家であってはならない。

カントは、法的な自由を「わたしがあらかじめみずから同意しておいた法則だけにしたがい、それ以外にはいかなる外的な法則にもしたがわない権限がある」ことである、といいます。人々は、社会契約によって、「各人が社会の成員として自由であるという原理」を中核とする共和的な国家を形成します。そしてさらに、そのような共和的な国家が自由な国家的な連合を形成することで、国際法に基づく平和が保たれることになります。ここでは、自由と平和とが不可分のものとして密接に結びついています。

カント『永遠平和のために』は、国際連盟、そして国際連合の設立理念に対して大きな影響を与えました。そこで現在の国際連合憲章の仕組みを確認しておきましょう。

国際連合憲章 (1945)
第2条4項 すべての加盟国は、その国際関係において、武力による威嚇又は武力の行使を、いかなる国の領土保全又は政治的独立に対するものも、また、国際連合の目的と両立しない他のいかなる方法によるものも慎まなければならない。

第51条 この憲章のいかなる規定も、国際連合加盟国に対して武力攻撃が発生した場合には、安全保障理事会が国際の平和及び安全の維持に必要な措置をとるまでの間、個別的又は集団的自衛の固有の権利を害するものではない。

国連憲章は、2条4項で**侵略戦争を禁止**します。そのうえで、もしそれに

違反して国連加盟国に対する武力攻撃が発生した場合、国連憲章第7章に基づき、安全保障理事会がいかなる措置をとるかを決定します。そして、安全保障理事会が国際の平和及び安全の維持に必要な措置をとるまでの間、個別的自衛権又は集団的自衛権によって対応することは「固有の権利」（51条）とされています。

　これを根拠として、**自衛のための戦争は「正しい戦争」として許容される**、という考え方があります。国連憲章51条に現れる「固有の権利」とは、droit naturel というフランス語訳をみると明らかなように、社会契約論（⇨第3章）のところで出てきた「自然権」、つまり国家の成立以前からもともと人間が有するはずの権利、という発想につながっています。

　それでは、人道的危機を止めるために他国が軍事力を用いて介入する**人道的介入**は、集団的自衛権の行使として正しい戦争といえるでしょうか。1999年、コソボにおいて内戦が激化して生じた人道危機に終止符を打つためとして、NATOが安保理決議の授権なしに空爆を行いました。国連憲章からみると国際法違反となりますが、人道的な見地からはやむを得なかったとして、「違法だが正当（illegal but legitimate）」という評価もなされています（The Independent International Commission on Kosovo 2000, p. 4）。

　これに対し、人類が繰り返してきた戦争はほぼすべて自衛の名目で行われてきたこと、さらに、人道的介入も侵略戦争を正当化するために濫用されてきたことから、「正しい戦争」という考え方そのものを否定しようとする議論もあります。

2　憲法9条の問題——南原繁

　次に、日本国憲法9条の文脈でさらに考えてみましょう。「戦争の放棄」と題される日本国憲法の第2章には、憲法9条だけが置かれています（思想史的背景として、山室 2007）。

　世界的にも非常に稀な条文を、日英両言語で読んでみましょう。

日本国憲法（1946）

第2章　戦争の放棄

CHAPTER II. RENUNCIATION OF WAR

第9条　日本国民は、正義と秩序を基調とする国際平和を誠実に希求し、国権の発動たる戦争と、武力による威嚇又は武力の行使は、国際紛争を解決する手段としては、永久にこれを放棄する。

Article 9. Aspiring sincerely to an international peace based on justice and order, the Japanese people forever renounce war as a sovereign right of the nation and the threat or use of force as means of settling international disputes.

　前項の目的を達するため、陸海空軍その他の戦力は、これを保持しない。国の交戦権は、これを認めない。

In order to accomplish the aim of the preceding paragraph, land, sea, and air forces, as well as other war potential, will never be maintained. The right of belligerency of the state will not be recognized.

(1) 憲法 9 条と個別的自衛権

　日本国憲法9条は個別的自衛権を認めているでしょうか。これは例えば、もし外国が日本にミサイルを撃ち込んできた場合、日本は自衛のために応戦することはできるか、という問題です。

　まず、9条1項には「国際紛争を解決する手段としては」という留保が付されていることから、**9条1項が禁止しているのはあくまで侵略戦争のみであり、自衛戦争は放棄されていない**、という解釈があります。この解釈は、自衛権を「固有の権利」とする国際法の考え方と親和的です。これに対し、およそ戦争はすべて「国際紛争を解決する手段」としてなされるのであるから、**9条1項は自衛戦争を含めてすべての戦争を放棄している**、という見解も説かれています。

　次に、9条2項は何を意味しているでしょうか。「戦力」の意味については、(1)戦争に役立つ可能性のある一切の潜在的能力を指すという説、(2)軍隊及び有事の際にそれに転化しうる程度の実力部隊とする説、などがあります。もし、現在の自衛隊も「戦力」に該当すると考えるなら、仮に9条1項は侵略戦争を禁止するものであって自衛権の行使は認めていると解釈したとしても、9条2項で「戦力」は保持しないことになっており、交戦権も否認されていることから、結局のところ自衛のための戦争も行うことはできない、ということになります。

　これに対し、9条1項は侵略戦争を禁止するものであって自衛権の行使は認めている、と解釈したうえで、「前項の目的を達するため」というのは「侵略戦争放棄という目的を達するため」という意味に解釈し、2項はあくまで侵略戦争のための戦力は保持しないという意味であり、交戦権の否認も、あくまで国際法において交戦国に認められる諸権利（敵国の兵力・軍事施設を殺傷・破壊したり、相手国を占領したりする権利）を認めないとの意味にとどまる、と解釈するならば、個別的自衛権は認められることになります。日本政府はこの立場を維持するために、**「自衛のための必要最小限度の実力」**とし**ての自衛隊は、9条2項の「戦力」には当たらない、**としています[27]。

　長谷部恭男は、個別的自衛権を否定する「善い生き方」としての絶対平和主義は、憲法9条の文言そのものを遵守することにはなっても、立憲主義とは整合しない、といいます。

> 長谷部恭男 2016「平和主義と立憲主義」『憲法の理性〔増補新装版〕』東京大学出版会、12頁
> 　「善き生」に関する観念は多様であり、相互に比較不能であるという立憲主義の基本的前提、そして公的領域と私的領域とを区分し、万人の万人に対する争いを引き起こしかねない「善き生」とは何かに関する対立を私的領域に封じ込めることで、公共の事柄に関する理性的な解決と比較不能で多様な価値観の共存を両立させようとする立憲主義のプロジェクトと、ある特定の「善き生」の観念を貫くために、結果に関わりなく絶対平和主義をとるべきだという立場とは容易に整合しないはずである。それは、特定の「善き生」の観念でもって、公の政策決定の場を占拠しようとする企てのようにみえる。立憲主義と両立する形で自衛のための実力の保持禁止を唱導しようとするのであれば、この議論を、こうした根底的な価値観をともにしない人にとっても了解しうる議論で基礎づける必要がある。[……]
> 　結局、自衛のための実力の保持の全面禁止という立場は、準則として理解された憲法9条の文言を遵守することにはなっても、立憲主義に従うことにはならないことになる。

---

27)　憲法9条の解釈について参照、芦部 1992：255頁以下。

　自衛のための実力の保持を全面的に禁止する立場は苛烈な自己犠牲を伴いますので、何らかの信仰的な基盤等がない限り、実際に貫徹することは容易ではありません。多様な価値観の共存を目指す立憲主義のもと、宗教を公の領域で語るべきではない、という世俗主義的な立場（⇨第10章）からは、絶対平和主義は立憲主義に従うことにはならない、ということになります。

　この問題に対し、南原繁は次のように述べています。

南原繁　1973［1962年の講演］「第九条の問題」『南原繁著作集　第9巻　日本の理想』岩波書店、131-134頁

　第九条の規定は日本の何人もが考え及ばなかった程の理想的な条項であるが、それだけにこれは司令部の圧迫によるものではないかという疑問が一つであった。同時に、実質的には、宗教や道徳の問題としてならば格別、およそ政治学の問題としては無抵抗主義は成り立ち得ず、およそ不法の暴力に対しては、国内的にも国際的にも、何らかの実力をもって、これを阻止し、防禦する必要があるのではないか。ことに、将来わが国が国際連合に加入する場合、なお当分は兵力提供以外の方法によって国際的協力をなし得るにしても、今後国際警察のごときものが組織され、戦争と同質の国際的暴力行為を抑制する場合、日本はいつまでもこれに参加し、寄与する義務を免れることはできないであろう。［……］それが憲法にかかげる非武装の原則と矛盾せずに、いかにして可能であるかが、問題であると思う。［……］

　私の意見は、新憲法における戦争否定と軍備廃止の精神はあくまで維持すると同時に、憲法制定のとき以来問題となっている厳密な意味の自衛のための最小限の武力の保持は警察という名分と機能の範囲において認めることである。すなわち、それはあくまで、いわゆる戦争のための軍備でないことが重要である。言いかえれば、単に名義だけでなく、警察的目的と機能から来たる必然の限界と程度がその行動と装備の上にもある筈である。

　［……］問題の解決は、将来の「国際警察」の観念につながる警察を前提して、警察の目的および機能の範囲において考えてはどうか。具体的には、以上の最初の段階の警察予備隊、せいぜい保安隊のある程度にとどめてはどうか。人員についていえば、現在のごとき二十数万にも及ぶ兵力でなく、十万前後が適当ではないのか。

　以上のごとき範囲と程度においては、日本国憲法における戦争否定と非武装の宣言と矛盾せず、したがって憲法を改正しないで可能であろう。最も重

要なことはこの宣言を変更しないことである。日本が終戦と同時に他の諸国に魁けて、この宣言をしたことは、内外に対して持つ意義きわめて重大である。広島と長崎における人類最初の原爆の被害国となった日本は、自ら新しく平和国家として、今後の戦争の惨禍と、したがって戦争の廃棄を世界に訴うべき義務がある。そのことは太平洋戦争に対する自己の責任を償う道であると同時に、日本民族の新しい世界史的使命でなければならぬ。

南原は、「宗教や道徳の問題としてならば格別、およそ政治学の問題としては無抵抗主義は成り立ち得」ない、としながらも、憲法9条の戦争否定と軍備廃止の精神はあくまで維持すると同時に、自衛のための最小限の武力の保持は警察という名分と機能の範囲において認めることを主張しています。そして、戦争否定と非武装の宣言を変更しないこと、日本が平和国家として戦争の廃棄を世界に訴えることを、「太平洋戦争に対する自己の責任を償う道であると同時に、日本民族の新しい世界史的使命」としています。

憲法9条をどのように理解すべきか、ぜひ友人とディスカッションしてみてください。

(2) 憲法9条と集団的自衛権

次に、憲法9条と集団的自衛権について検討しましょう。これは例えば、もしも外国がアメリカを攻撃した場合に、日本が攻撃を受けていなくても、日本はアメリカを守るためにその外国を攻撃することができるか、という問題です。

日本政府は、憲法9条のもとで認められるのは個別的自衛権だけであり、集団的自衛権は認められないという立場をとってきましたが、2014年に閣議決定によって従来の憲法解釈を変更し、集団的自衛権行使を認めました[28]。

閣議決定による憲法解釈の変更をめぐっては、非常に大きな論争が展開されました。ここでは、政策的な観点からの議論（政策論）と、法的な観点からの議論（憲法論）を区別して、議論を整理してみたいと思います。論理的には、以下の4通りの立場がありえます。

---

28)　「国の存立を全うし、国民を守るための切れ目のない安全保障法制の整備について」平成26年7月1日　国家安全保障会議決定　閣議決定　https://www.cas.go.jp/jp/gaiyou/jimu/pdf/anpohosei.pdf（2022年1月28日アクセス）

	良い政策	良くない政策
合　憲	良い政策で、合憲	良くない政策だが、合憲
違　憲	良い政策だが、違憲	良くない政策だし、違憲

　政策論とは、集団的自衛権の行使が良い政策なのか、良くない政策なのか、という観点からの議論です。例えば、「安保関連法が成立することで、日本はよりいっそう平和のために貢献できるようになるし、日本国民はよりいっそう確実に平和を楽しむことができるようになる」（細谷 2016：46 頁）、という見解と、「安保法制によって日本の安全が高まることは立証されていない」（長谷部・杉田 2015：145 頁〔柳澤協二〕）、といった両方の見解がありますが、これらはいずれも政策論に分類できます。

　憲法論は、このような政策論とは論理的に独立しています。第一に、自国が攻撃されたときだけに発動される個別的自衛権と、自国が攻撃されていなくても発動される集団的自衛権とはその本質がまったく異なるため、仮に個別的自衛権の行使は憲法 9 条に適合するとしても、集団的自衛権は憲法 9 条に反する、といった批判があります。第二に、憲法 96 条に定められた改正手続きを踏まず、長年にわたり維持されてきた政府見解を閣議決定だけで変更したことに対する手続き面の批判もなされています。

日本国憲法（1946）

第 96 条　この憲法の改正は、各議院の総議員の三分の二以上の賛成で、国会が、これを発議し、国民に提案してその承認を経なければならない。この承認には、特別の国民投票又は国会の定める選挙の際行はれる投票において、その過半数の賛成を必要とする。

　閣議決定は、国務大臣による会議によって決定するものであり、憲法 96 条が定める憲法改正の手続きよりも大幅に緩やかです。もしも憲法の意味を変更するのであれば、閣議決定ではなく、各議院の総議員の 2/3 以上の賛成で国会が発議し、国民に提案してその承認を経なければならないはずだ、という主張がなされています。

　仮に集団的自衛権の行使容認を「良い政策」と考えたとしても、閣議決定による解釈の変更が憲法に反するならば、憲法 96 条の手続きによって憲法 9 条を改正したうえで、集団的自衛権の行使容認という政策を実現するべき

だ、ということになるでしょう。

　これに対し、閣議決定による解釈の変更はあくまでこれまでの政府解釈の論理の枠内であると考えれば、憲法改正は必要ない、ということになります[29]。

　双方の立場を検討したうえで、いずれの考え方が説得的か、ディスカッションしてみてください。

3　平和とは何か──ガルトゥング

　最後に、平和の意味について考えてみたいと思います。平和は戦争の対義語であり、**戦争のない状態が平和である**、というのがもっとも基本的な定義です。本章も、このような狭い意味の平和を議論してきました。しかし、戦争さえなければ平和といえるでしょうか。

　ガルトゥングは、平和を**暴力の不在**として捉え、「人間あるいは人間集団の、身体的あるいは精神的な自己実現の現状が、その人たちの潜在的な実現可能性以下に抑えられるような影響を受けているならば、そこには暴力が存在する[30]」（Galtung 1969：p. 168）と述べています。このような観点からは、戦争が起こっているわけではないものの、貧困によって飢えに苦しむ人がいる社会、差別や偏見によって安心して生活を送ることができない社会、教育を受けられずに十分な社会参加ができずにいて、自分が不利益を被っていることにも気づくことが難しい社会、そのような社会は平和とはいえません。ガルトゥングの文章を読んでみましょう。

> ガルトゥング（高柳先男ほか訳）1991［原書 1969］『構造的暴力と平和』中央大学出版部、44 頁
> 　個人的暴力[31]と構造的暴力との基本的区別にもとづき、暴力は二つの側面をもつことになる。同様に、暴力の不在として理解される平和も二つの側面をもつ。暴力の拡大概念から平和の拡大概念が出てくる。［……］平和にもまた二つの側面が存在する。つまり、個人的暴力の不在と構造的暴力の不在である。これらをそれぞれ消極的平和と積極的平和と呼ぶことにしよう。

---

29)　あわせて参照、村瀬 2008。

30)　Johan Galtung 1969, *Violence, Peace, and Peace Research,* Journal of Peace Research, Vol. 6, No. 3, at 168.

31)　平和学では、「直接的暴力」という用語が一般的に用いられているようです。

［……］

　個人的暴力の不在は積極的に定義された（平和の）状態をもたらすもので
はないが、構造的暴力の不在はわれわれが社会正義と呼ぶところのものであ
り、それは積極的に定義された（平和の）状態である（権力と資源の平等主
義的配分）。

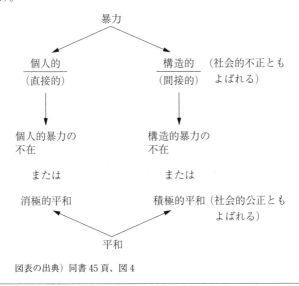

図表の出典）同書45頁、図4

　平和学では、戦争など直接的暴力がない状態を**消極的平和**、貧困や差別な
どの構造的暴力のない状態を**積極的平和**と呼びます。この背景には、平和と
は**社会正義**の問題である、という問題意識があり（最上 2006：95-98頁）、そ
の点で正義を中核概念とする法学の問題意識と重なります。消極的平和にと
どまらず、積極的平和も視野に入れるならば、平和とは単に安全保障の問題
に止まりません。国際法の中でも国際人権法、そして憲法の中でも人権規定
が、まさに平和のための法として位置づけられることになります。

　皆さんにとって平和はどのような意味か、平和のために何をすべきか、ぜ
ひディスカッションしてみてください。

探究課題

1　カントの『永遠平和のために』と、国際連盟、国際連合の仕組みは、どの点

が一致しており、どの点に相違があるでしょうか。

⇨最上敏樹 2016『国際機構論講義』岩波書店；高田明宜 2018『希望としての
カント──恒久平和のために』日本経済評論社

2　「自衛のための必要最小限度の実力」についてのコストを公平に分担するた
め、徴兵制を導入すべきでしょうか。それとも、日本人は、自己を犠牲にする覚
悟で平和の理想を先駆ける「選民」として、あくまで非武装を貫くべきでしょう
か。

⇨井上達夫 2019『立憲主義という企て』東京大学出版会；江藤祥平 2018『近
代立憲主義と他者』岩波書店

引用文献

芦部信喜 1992『憲法学Ⅰ　憲法総論』有斐閣

ガルトゥング（高柳先男ほか訳）1991『構造的暴力と平和』中央大学出版部

カント（中山元訳）2006『永遠平和のために／啓蒙とは何か』光文社古典新訳文
　　庫

ミルキヌ＝ゲツェヴィチ（小田滋・樋口陽一訳）1964『憲法の国際化──国際
　　憲法の比較法的考察』有信堂

長谷部恭男 2016「平和主義と立憲主義」『憲法の理性〔増補新装版〕』東京大学
　　出版会

長谷部恭男・杉田敦編 2015『安保法制の何が問題か』岩波書店

細谷雄一 2016『安保論争』ちくま新書

南原繁 1973「第九条の問題」『南原繁著作集　第9巻　日本の理想』岩波書店

村瀬信也 2008「安全保障に関する国際法と日本法（上）（下）──集団的自衛権
　　及び国際平和活動の文脈で」ジュリスト 1349 号、1350 号

最上敏樹 2006『いま平和とは──人権と人道をめぐる9話』岩波新書

山室信一 2007『憲法9条の思想水脈』朝日選書

The Independent International Commission on Kosovo 2000, *The Kosovo report:
　　conflict, international response, lessons learned*, Oxford University Press

● コラム ●

開発と法

　開発法学は、「法制度の改革を通して、社会の開発を促し、その構成員である人々の幸福を増進させる方法を探求する学問分野」です（松尾 2012：1頁）。では、「開発」とは何を意味しているのでしょうか。アマルティア・センは、潜在能力（capability）に着目するアプローチを提唱し、幅広い支持を受けています。

アマルティア・セン（鈴村興太郎訳）1988 ［原書 1987］『福祉の経済学――財と潜在能力』岩波書店、2-3 頁

　私は福祉への新しいアプローチの展開に努めた。ひとがその達成に成功するさまざまな「機能」（すなわちひとがなしうること、あるいはなりうるもの）と、ひとがこれらの機能を達成する「潜在能力」に関心を集中するこのアプローチの起源は、アダム・スミスとカール・マルクス、さらに遡ればアリストテレスにまで遡れるものである。このアプローチは、福祉を、ひとが享受する財貨（すなわち富裕）とも、快楽ないし欲望充足（すなわち効用）とも区別された意味において、ひとの存在のよさの指標と考えようと試みる。基本的なレベルにおいて、ひとが実際に達成しうる価値ある活動や生活状況に即してひとの生き方の質を判断することは、不可避だからである。

　開発法学の第一人者である松尾弘は、センの議論を踏まえ、宮沢賢治「雨ニモマケズ」に言及しながら次のように述べています。

松尾弘 2012『開発法学の基礎理論――良い統治のための法律学』勁草書房、218-219 頁

　留意すべきは、〔「雨ニモマケズ」における〕この一見質素極まりない生活が、その前提として、健丈な体、一定の食糧、知識、自律、住居、そして、そのようにして駆けずり回る自由によって支えられていることである。これらの諸前提を徐々に調えることにより、結果において達成

> する保障も見込みもないにもかかわらず、各自の関心事に挑むことので
> きる自由を、1人でも多くの人が、少しでも多く享受できるようにする
> ことこそ、開発が目指す目標といえるのではないだろうか。

　開発法学は、下図のように多様な学問分野・法分野と密接な関連を有する
学際的学問分野です。良い統治（good governance）のための法律学として
の開発法学は、本来あるべき法律学（松尾 2009：291頁）という側面も有し
ており、ぜひリベラルアーツの学びの中でも触れていただきたい考え方です。

開発法学とその他の法分科・社会科学の関連分野

法解釈学
立法学

比較法学
比較法文化論
法社会学
法制史

法哲学
哲学

開発法学

政治学
経済学
経営学

認知科学
心理学

出典）松尾 2012：2頁

　開発法学は、法制度整備支援という実践的活動とも密接なつながりを持っ
ています。法制度整備支援とは、開発途上国などに対し、それらの国々が進
める法制度の整備を支援することです。(1) 基本法令の起草支援、(2) 制定
された法令を運用する司法関係機関の制度整備支援、(3) 法曹実務家等の人
材育成支援等を行います。

　日本は欧米先進国とは異なった法文化を持ち、100年以上にわたって主要
な法制度（仏、独、米、英など）を研究し，採り入れてきた経験があります。
支援対象国の主体性・自主性を尊重し、法令の執行・運用のための体制の整
備や法律家などの人材育成を重視するなど中長期的視点に立った活動は、日
本の特色ある国際貢献となっています[32]。

---

32) 「国際協力部による法制度整備支援活動〜世界に貢献，日本の力！」https://www.moj.
　　go.jp/housouken/houso_lta_lta.html（2022年1月28日アクセス）

引用文献

アマルティア・セン（鈴村興太郎訳）1988『福祉の経済学——財と潜在能
力』岩波書店

松尾弘 2012『開発法学の基礎理論——良い統治のための法律学』勁草書房

松尾弘 2009『良い統治と法の支配——開発法学の挑戦』日本評論社

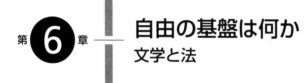

自由の基盤は何か
文学と法

第**6**章

「参照基準」は、文学はそれ自体が学問であると同時に、他の学問の基盤でもあるとして、以下のように述べています。

> 人間には、言葉を通じて人とつながろうとする本源的欲求がある。他者に向けて、その心に働きかけようとして、言葉が発せられ、書きつけられるとき、芸術としての文学が生まれる。それは、想像力と共感の力を涵養し、「いま、ここ」にはいない他者と自分を結びつけ、人々の新たな関係性、社会、世界との結びつきを作り出す。芸術作品としての文学は、そのような言語活動の成果である。そして、その中でも多くの人に受容され、さらには時と所を越えて後世に伝えられる作品が古典となり、それが文化と教養の基盤となる。（「参照基準　言語・文学分野」2012：3頁）

本章では文学的経験について考察し、文学と自由、民主政、法＝権利との関わりについて、ギリシャ悲劇やシェークスピアを素材に考えます。

┃ディスカッション・クエスチョン┃
1　文学的経験とはどのようなものでしょうか。
2　アンティゴネーは、なぜポリュネイケースを埋葬したのでしょうか。
3　ポーシアの裁きは、正義にかなっているでしょうか。

1　文学的経験の探求──加藤周一、ゲーテ

加藤周一は、条件を整えれば必ず反復される「科学的経験」と対比し、「文学的経験」を次のように説明しています。

加藤周一　2014［初版 1950］『文学とは何か』角川ソフィア文庫、21-27 頁、
36 頁

　文学者の語る体験は、一般化されない特殊性と、反復されない一回性との
ゆえに、われわれにとって価値のあるものですが、その価値は日常的・科学
的な立場からは、意味のないものです。［……］一回かぎりの体験は科学的
に意味がないように、日常生活においても価値がありません。あるいはむし
ろ効用がないといった方がよいでしょう。［……］
わたくしにとってある朝のコーヒーはわたくしの青春とともにかけがえのな
いものであるかもしれません。青春は反復することができない。人生はやり
なおすことができない、しかし実はわれわれの人生の一日といえどもやりな
おすことができない、ふたたび同じ一日のあり得ない一回かぎりのものです。
そのような一日の体験は、日常生活に役だたないということそのことによっ
て貴重であり、効用とははなれた一つの価値を代表します。その価値こそ、
体験の文学的価値である。そこにわれわれの夢があり、人生の美しさがあり、
また希望や悔恨があるので、日常生活の効用のために整理された体験のなか
には、人間の感情の深みは現われてきません。［……］
われわれの人生の方向を決定する体験、生涯の転機となる行為、恋愛のごと
く、また恋愛以上に重大な人間と人間との関係は、すべて具体的な事件がそ
のものとして、かけがえのないただ一回かぎりのものとして、われわれの人
格にせまり、その根底をゆりうごかし、生き方の全体を変えようとするもの
です。したがって文学の扱う体験が日常的体験と異なり、日常生活の観点か
ら役にたたないものであるということは正しいけれども、人生に役だたない
ものであるということは全く正しくありません。［……］

　統計だけが普遍的な知識を獲得する唯一の方法ではない。特殊なものを、
その特殊性に即して追求しながら、普遍的なものにまで高めること——そ
れこそ文学の方法であり、文学に固有の方法です。

　ここでは、効用とは区別された文学的体験の価値が示されています。人生
は、やり直すことができない、**かけがえのないもの**です。文学的経験は、科
学的経験とは対照的に、けっして二度と反復されない一回限りのものです。
文学的経験は、そのかけがえのなさゆえに効用とは離れた価値を持ち、われ
われの人格にせまり、その根底をゆりうごかし、人間の生き方全体を変えて

ゆく力を持ちます。

　リベラルアーツにおいて、再現性と反証可能性を条件とする科学の方法はとても重要です（⇨第13章）。しかし、それだけが真理探究に向けた唯一の方法なのではありません。リベラルアーツにおいては、ぜひ一度きりの「かけがえのないもの」も大切にし、夢、美しさ、希望や悔恨も含めた文学の世界を存分に味わっていただきたいと思います。

　ここで、ゲーテ『ファウスト』を紹介します。物語の冒頭、主人公のファウスト博士は次のように嘆きます。

ゲーテ（高橋義孝訳）2010［原書 1808］『ファウスト (1)』新潮文庫、37-38 頁

いやはや、これまで哲学も、
法律学も、医学も、
むだとは知りつつ神学まで、
営々辛苦、究めつくした。
その結果はどうかといえば、
昔に較べて少しも利口になってはおらぬ。
学士だの、おこがましくも博士だのと名告って、
もうかれこれ十年間も弟子どもの鼻面を
縦横無尽に引回してきはしたものの——
さて、とっくりとわかったのが、
人間、何も知ることはできぬということだとは。
思えば胸が張り裂けそうだ。
なるほど己は、そこらの医者や学者、
三百代言、坊主などという、いい気な手合いよりは賢いし、
要らざる迷い、疑いも知らず、
地獄や悪魔も恐いとは思わぬが——
その代りには、生きるたのしみというものが全くなくなってしまった。

　ファウストは、法学も医学も神学も学び尽くしたのに結局「何も知ることはできぬ」という現実に直面し、「生きるたのしみ」もまったくなくなってしまった、といいます。そこでファウストは悪魔メフィストーフェレスと契約し、若返りの秘薬を飲んで「もっとも美しいもの」を追い求めます。物語の終盤、ファウストがたどり着いた「叡智の、最高の結論」は、次のような

ものでした。

ゲーテ（高橋義孝訳）2010［原書 1832］『ファウスト（2）』新潮文庫、517 頁
そうだ、己はこういう精神にこの身を捧げているのだ。
それは叡智の、最高の結論だが、
「日々に自由と生活とを闘い取らねばならぬ者こそ、
自由と生活とを享くるに値する」
そしてこの土地ではそんな風に、危険に取囲まれて、
子供も大人も老人も、まめやかな歳月を送り迎えるのだ。
己はそういう人の群れを見たい、
己は自由な土地の上に、自由な民とともに生きたい。
そういう瞬間に向って、己は呼びかけたい、
「とまれ、お前はいかにも美しい」と。
己の地上の生活の痕跡は、
幾世を経ても滅びるということがないだろう──

　ゲーテは、「日々に自由と生活とを闘い取らねばならぬ者こそ、自由と生活とを享くるに値する」といいます。そして、人間が自由を求めて闘う姿にこそ「もっとも美しいもの」がある、というのです。ここには、文学的経験としての自由が鮮やかに描かれています。
　「特殊なものを、その特殊性に即して追求しながら、普遍的なものにまで高める」という文学固有の方法を意識しつつ、ぜひさまざまな文学作品を味わっていただきたいと思います。

2　民主政の基盤としての文学──ソポクレース

　さて、文学は民主政の基盤としての意義も有しています。ローマ法研究者の木庭顕による説明を読んでみましょう。

木庭顕 2018『誰のために法は生まれた』朝日出版社、292-293 頁
　凡そ現実の総体を批判に晒すという営為、正確に言えばそのような営為によって社会を営むということ、は紀元前 8-7 世紀のギリシャで始まった。少なくとも今日こうした営為はここに始まる伝統を引く。ホメーロスとヘーシ

オドスの韻文は、そのことを証明するし、この韻文を共有することによって
人々はトータルな省察ということを社会の基礎に据えて全く新たな組織原理
を樹立したのである。このトータルな省察は文学に他ならない。少し後に歴
史学や哲学等々が文学ジャンルとして分化していくが、文学は定義上教義で
はない。トータルな省察の結果であってもそれが教義の体系のようなもので
あれば、その教義の体系が権威を持って批判の外に置かれるから、トータル
な批判にはならない。つまり自分をも批判させる媒体が文学である。

　かくして、徒党解体を体系的に遂行して個人の自由を保障する社会組織は、
文学によって樹立されたが、その社会組織、あるいはそうした社会組織を営
む具体的な活動、は政治と呼ばれる。その営みを表面的に記述すれば、完全
に（上下関係を排除して）水平に結合した独立自由な諸々の個人が、特別に
厳密な言語の使用によって議論をして社会の基本枠組みを決定し、すべての
個人が絶対を意味するこの決定に自発的に従うことであるということができ
る。その決定は、個人の自由を脅かす徒党の形成を阻止したり、阻止するた
めの装置を設定したり、といった内容に限定された。さもなくば、決定が却
って個人の自由を侵害するからである。決定に際して言語のみを使うのは、
権威や実力が決定を左右してはならないからであり、言語の使用が特別に厳
密でなければならないのは、ただの言語使用は、必ずそこに集団や利益が入
り込むのであり、むしろ権威や実力の手段となるからである。

　ここでは、「個人の自由を保障する社会組織は、文学によって樹立された」
という注目すべき指摘がなされています。民主政においては、独立自由な
諸々の個人が厳密な言語使用によって社会の基本枠組みを決定し、すべての
個人がその民主的決定に自発的に従います（⇨第3章）。民主政においては徹
底した批判が重要ですが、ここで「自分をも批判させる媒体」が文学だ、と
いうのです。

　この点については、実際にギリシャ悲劇を読みながら考えてみましょう。
素材は、ソポクレース『アンティゴネー』です。アンティゴネーの言葉が、
いかにして民主政の基盤を表現しているかを意識しつつ、読んでみてくださ
い。

　アンティゴネーにはポリュネイケースとエテオクレースという二人の兄が
いましたが、二人は権力争いのなかで討死しました。この兄弟の母方の叔父

にあたるクレオーンは、エテオクレースを丁重に葬った一方、ポリュネイケースは共同体の法を破ったものであるとして、正式な弔いを行わず、彼の遺体は覆いもなく、辱められるままでした。アンティゴネーは、クレオーンによって埋葬を禁止する布告が出ているにもかかわらず、兄の遺体を埋葬します。クレオーンとアンティゴネーのやりとりを読んでみましょう。

ソポクレース（中務哲郎訳）2014［原書 紀元前 442 年頃］『アンティゴネー』岩波文庫、51-52 頁

クレオーン　（アンティゴネーに）これをしてはならぬという布告のあったことを、知っていたのか。

アンティゴネー　知っていた。どうして知らぬわけがあろう、公然のことなのに。

クレオーン　それなのに、敢えてこの掟を踏みにじったというのだな。

アンティゴネー　このお触れを出したのはゼウス様ではないし、
　　　地下の神々とともにある正義の女神が、
　　　人間のためにこのような掟を定めたわけでもない。
　　　それに、あなたのお触れは死すべき人間の作ったもの、そんなものに、
　　　神々の定めた、文字には書かれぬ確固不動の法を
　　　凌ぐ力があるとは考えなかったからだ。
　　　この法は昨日今日のものではない、永遠に
　　　命を保つもの、いつから現れたか、誰も知りません。

アンティゴネーがなぜ祖国の法に背いてポリュネイケースを埋葬したのかについては、さまざまな読み方が可能です。例えば、国家と親族の対立のなかで「妹と兄の間の血縁に基づく義務」を優先したから（ポズナー（上）2011：170 頁）、あるいは、「人の法と神の法」の対立のなかで神の法を優先したから（寺田 2019）、「自然法の正義は実定法の正義に優先する」（長尾 1998：45 頁）から、といった説明があります[33]。

---

33)　さまざまな読み方がありますが、筆者自身は「それがアンティゴネーの生き方だったから」としか言えない、と考えています。このことは、アヌイ版『アンチゴーヌ』により良く現れているように思います。アヌイ版では、クレオンの意を尽くした説得は、一度は成功したかのように見えます。しかし、「早く結婚して幸せになれ」というクレオンに対し、アンチゴーヌは突然「もうエモンなんて好きじゃない！」と言い出し、狼狽したクレオンは「黙れ、自分でも何を言っているのか分かっていないんだ」と叫びます（鈴木力衛・岩瀬孝編集『アヌイ作品集

クレオーンとアンティゴネーとの鋭い論争はぜひ全体を読んでいただきたいところですが、一部だけを紹介します。

ソポクレース（中務哲郎訳）2014［原書 紀元前442年頃］『アンティゴネー』岩波文庫、55-56頁

クレオーン　敵（かたき）は、死んでも味方にはならぬ。

アンティゴネー　私は憎しみを共にするのではなく、愛を共にするよう生まれついているのです。

アンティゴネーによるポリュネイケースの埋葬は、クレオーンがこだわる敵（ポリュネイケース）と味方（エテオクレース）の二分論を拒否し、憎しみあう者、そして断絶した者同士の間に橋わたしをする生き方を示しているように読めます。ここには、たとえ民主的に制定された祖国の法に違反したとしても、自分自身の信念を徹底的につらぬくアンティゴネーの生き方が描かれています。

アンティゴネーは、敵と味方、そして生死の断絶をも超えて、兄をかけがえのない存在として尊重しようとします。ここに、物語の冒頭で決別したはずのイスメーネー（アンティゴネーの妹）が連帯してゆく意外な展開も注目されます。

アンティゴネーに対する死刑執行を受け、アンティゴネーの婚約者でありクレオーンの息子であるハイモンは自殺します。「他の女の畠を耕せば良い」（ソポクレース 2014：60頁［569］）と言うクレオーンに対するハイモンの抗議は、人間を代替可能な存在とみなす社会への強烈な批判になっています。さらに、その知らせを聞いてハイモンの母であるクレオーンの妃も自殺し、クレオーンにとってかけがえのない存在が次々と失われます。

古代ギリシャで生まれた民主政は、人々の自由を守るために生まれた仕組みであるにもかかわらず、多数派による政治的決定によって少数派の自由を

第3巻〔第5版〕』（白水社、1965）282頁に対応、引用はNHKで放映された岩切正一郎訳による）。アンチゴーヌの生き方を常識的に理解することは困難ですが、この場面では、個々人の「生き方」はそもそも絶対不可侵の領域を含んでおり（参照、日本国憲法19条）、他人の理解を拒絶する性質を持つ、ということが表現されているように思われます。アヌイ版では、原作の「人の法と神の法」という対立軸というより、クレオンという常識的な大人による穏健で理性的な「幸福」と、アンチゴーヌによる瞬時の感覚で一挙に生きることの意味、という対立軸が描かれており、大変興味深い場面です。

踏みにじる危険から逃れることはできません。『アンティゴネー』は、民主的決定によって追い詰められ、孤立した人間が、それぞれの生き方の違いを尊重しつつ、かけがえのない存在として連帯する、という自由の局面を示しています（参照、木庭 2018：253 頁）。

　民主政の基盤としての法は、個々人が生き方の違いを尊重しあい、それぞれの自由を徹底することを根底で支えるものといえます。

3　法＝権利とは何か──シェークスピア

　次に、シェークスピアの『ヴェニスの商人』を読んでみましょう。裕福な貴婦人ポーシアへの恋に悩む友人のため、貿易商のアントーニオはユダヤ人高利貸しのシャイロックから借金をします。シャイロックが提示した条件は、「万一もし返済できぬという場合には、違背金として、アントーニオの身体から、肉をきっかり 1 ポンド切って取ってもいい」という証文に捺印することでした。アントーニオは、返済できないことなどありえない、と言って捺印しますが、なんとアントーニオの財産を積んでいた船は難破し、お金を返済できなくなってしまいます。

　アントーニオを日頃から恨んでいたシャイロックは、あくまで証文通り肉 1 ポンドを要求します。

シェークスピア（中野好夫訳）1939 [原書 1594 年頃]『ヴェニスの商人』岩波文庫、127 頁
シャイロック　証文通りの違背金を頂戴するという、これはもう手前どもの
　　　聖安息日にかけて[34)]、誓言ずみの事柄でございまして、
　　　それでもなお、ならぬとおっしゃいますなれば、公爵様の特権、
　　　ヴェニスの自由ということが、問題になって参ります。

　シャイロックはアントーニオの肉 1 ポンドを求めて裁判に訴え、この事件を若い法学者に扮したポーシアが担当することになりました。「三倍の金を受け取って、慈悲をかけて証文を破かせてくれ」と頼むポーシアに対し、シャイロックはあくまで法と正義を要求します。

---

34)　安息日については、⇨第 1 章。

シェークスピア（中野好夫訳）1939［原書 1594 年頃］『ヴェニスの商人』岩波
文庫、235 頁
シャイロック　法、つまりは貴方様がその立派な柱石でいらっしゃる、
　　　その法に照らしてのお裁判をお願い申し上げてるんで。
　　　手前、魂にかけ誓言致しますが、たとえ誰方様のお言葉だろうと、
　　　この決心は変るもんじゃございません。証文通りと申上げてるんで。

あくまで「証文通り」を要求するシャイロックに、ポーシアが言います。

シェークスピア（中野好夫訳）1939［原書 1594 年頃］『ヴェニスの商人』岩波
文庫、143-144 頁
ポーシア　その商人の肉一ポンドは、その方のものだ。
　　　法廷がこれを認め、国法がこれをあたえる。
シャイロック　いや、もう実に公正な判事様だて！
ポーシア　よって、その方は該肉片を彼の胸より切取らねばならぬ、
　　　国法がこれを許し、法廷がこれをあたえる。
シャイロック　いや、どうも学のあるお方！　判決だ、さ、覚悟しろ！
ポーシア　ちょっと待て、まだあとがある。この証文によれば、
　　　その方には血は一滴も与えておらぬが、それでよいか、
　　　文面にははっきりとこうある、「肉一ポンド」とな。
　　　証文通りにやるのだ、肉一ポンドだけは取るがよい。
　　　だが、よいか、切取る際に、もしキリスト教徒の血、
　　　一滴たりとも流した場合は、その方の土地、財産、
　　　ことごとくヴェニスの国法にしたがって、
　　　ヴェニスの国家へ没収するが、それでよいか？
グラシアーノ　ああ、公正な判事様！　聞いたか、ジュウ、学の深いお方だ！
シャイロック　それが法律でございますかな？
ポーシア　自身で条文を見るがよい。
　　　一途に正義を申立てたのはその方だ。だから、
　　　その方が望む以上の正義を取らせようというのだ。

ヴェニスの商人は、「正義とは何か」を考えるための格好の素材となって
います。「証文通りアントーニオの肉1ポンドを切り取って良いが、血は一

滴も流してはならない」というポーシアの裁きは、正義にかなっているので
しょうか。

　イェーリングは、以下のようにポーシアの裁きを厳しく批判しています。
権利＝法と表記されているのはドイツ語の Recht です。これは英語の right
にあたる言葉で、主観的な意味で「権利」、客観的な意味で「法」、両者をあ
わせて権利＝法と訳されています。

イェーリング（村上淳一訳）1982［原書 1894］『権利のための闘争』岩波文庫、
94-95頁

　「私は法律を要求します」。作者はたったこれだけの言葉で、主観的意味に
おけるレヒト（権利）と客観的意味におけるそれ（法）との真の関係、権利＝
法のための闘争の意義を、どんな法哲学者も及ばぬほど的確に言い当ててい
る。このひと言によって一遍に、本件はシャイロックの権利要求の問題たる
にとどまらず、ヴェニスの国法の問題になったのだ。この言葉を発するさい
に、かれの姿はいかに力強く巨大なものに見えることか！　法廷に判断を迫
っているのは、もはや一ポンドの肉を要求するこのユダヤ人ではなく、ヴェ
ニスの法律そのものである。けだし、かれの権利とヴェニスの法は一体であ
って、かれの権利が破滅すればヴェニスの法も破滅するのだから。それにも
かかわらず、シャイロックが、下劣な思い付きによってかれの権利を反故に
する裁きに屈してしまったとしたら、つまり、ひどい嘲笑を受けて打ちひし
がれ、踉蹌として法廷を出ていったとしたら、シャイロックを屈服させるこ
とによってヴェニスの法が枉げられたのだ、という感想を抱かない者があろ
うか？

　イェーリングは、証文を公序良俗違反として無効とし、はじめから退ける
べきだったにもかかわらず、そうせずに証文を有効なものと認めた以上、流
血を禁じるのは「みっともない肩透かし」だ、と言います（イェーリング
1982：96頁）。イェーリングの考え方は、以下の部分によく表れています。

イェーリング（村上淳一訳）1982［原書 1894］『権利のための闘争』岩波文庫、
29頁

　権利＝法の目標は平和であり、そのための手段は闘争である。権利＝法が
不法による侵害を予想してこれに対抗しなければならないかぎり――世界

が滅びるまでその必要は無くならないのだが――権利＝法にとって闘争が不要になることはない。権利＝法の生命は闘争である。諸国民の闘争、国家権力の闘争、諸身分の闘争、諸個人の闘争である。

　世界中のすべての権利＝法は闘い取られたものである。重要な法命題はすべて、まずこれに逆らう者から闘い取られねばならなかった。また、あらゆる権利＝法は、一国民のそれも個人のそれも、いつでもそれを貫く用意があるということを前提としている。権利＝法は、単なる思想ではなく、生き生きした力なのである。

『ヴェニスの商人』は、キリスト教徒によるユダヤ人差別を下敷きにしており、シャイロックは散々やり込められた後、強制的にキリスト教へ改宗させられる、という筋書きになっています。ポーシアの裁きは正義に基づく名裁判なのでしょうか。それとも、キリスト教徒による偏見に満ちたユダヤ人迫害なのでしょうか。さまざまな解釈ができますから、ぜひ自由にディスカッションしてみてください（参照、長尾 1998：102 頁以下）。

探究課題

1　「権利＝法の目標は平和であり、そのための手段は闘争である」、「権利のための闘争は、権利者の自分自身に対する義務である」というイェーリングの主張には賛同するでしょうか。
⇨村上淳一 2015『「権利のための闘争」を読む』岩波書店
2　「法と文学」は、どのような学問分野でしょうか。
⇨林田清明 2015《法と文学》の法理論』北海道大学出版会；R・A・ポズナー（平野晋監訳）2011『法と文学（上）（下）』木鐸社

引用文献

イェーリング（村上淳一訳）1982『権利のための闘争』岩波文庫
加藤周一 2014『文学とは何か』角川ソフィア文庫
木庭顕 2018『誰のために法は生まれた』朝日出版社
ゲーテ（高橋義孝訳）2010『ファウスト（1）（2）』新潮文庫

シェークスピア（中野好夫訳）1939『ヴェニスの商人』岩波文庫

ソポクレース（中務哲郎訳）2014『アンティゴネー』岩波文庫

長尾龍一 1998『文学の中の法』日本評論社

寺田麻佑 2019「アンチゴネをどう読むか――神の法・人の法」『社会科学ジャーナル（国際基督教大学）』86号

R・A・ポズナー（平野晋監訳）2011『法と文学（上）（下）』木鐸社

真理は教えられるか
教育と法

「参照基準」は、次のように定義しています。

> 教育学とは、ある社会・文化における人間の生成・発達と学習の過程、及びその環境に働きかける教育という営みを対象とする様々な学問領域の総称である。教育は人間の生涯にわたって、また、学校、家庭、地域、職場などおよそ人間が生活するあらゆる場所で行われる。教育学はこのような教育という営みの目的、内容、方法、機能、制度、歴史などについて、規範的、実証的、実践的にアプローチする学問分野である。(「参照基準 教育学分野」2020：iii 頁)

教育学は、人間という存在そのものに迫る学問分野です。本章では、教育という観点から「自由な人格」について考察し、教育の目的について考えた後、リベラルアーツ教育における教員の役割を考えます。

▌ディスカッション・クエスチョン▌

1　人間は、どのような存在として生まれるのでしょうか。
2　「自由な人格」はどのように形成されるのでしょうか。
3　真理を教えることはできるでしょうか。リベラルアーツ教育において、教員は何をすべきなのでしょうか。

1　人間は弱いものとして生まれる──ルソー

まず、教育学の古典といわれるルソー『エミール』を読んでみましょう。

ルソー（長尾十三二ほか訳）1967［原書1762］『エミール 1』明治図書出版、19 頁

　私たちは弱い者として生まれてくる。だから私たちには力が必要である。私たちは何ももたずに生まれてくる。だから私たちには援助が必要である。私たちは分別をもたずに生まれてくる。だから私たちには判断力が必要である。私たちが生まれてきた時にはもっていなかったもの、そして私たちが大きくなった時に必要なもの、そういうものはすべて教育によって私たちに与えられる。

　この教育は、自然か、人間か、事物かによって私たちに与えられるものである。私たちの諸能力および諸器官の内部からの発達は、自然の教育である。この発達するものの使い方を私たちに教えるのは人間の教育であり、私たちに影響を及ぼしてくるさまざまな事物について、私たち自身が経験を積んでゆくのは事物の教育である。

　ルソーは「自然」「人間」「事物」を調和させていくことを教育の基礎理念としています。これにより、名誉・権力・富・名声といった外部からの評価基準ではなく自分を測る基準を自分自身の中に持ち、さらに、民主的な社会の一員としてともにルールを作り自治をする公共性を備えた、「真に自由な主体」が目指されています（西2017：5頁）。

　それでは、「真に自由な主体」を形成してゆくためには、実際にどのような教育を与えるべきなのでしょうか。エーリッヒ・フロムがエックハルトを引用しながら論じている箇所を読んでみたいと思います。

エーリッヒ・フロム（佐野哲郎訳）1977［原書1976］『生きるということ』紀伊國屋書店、96頁

　何よりもまず、私たちは自分の物や自分の行為から自由にならなければならない。これは何も所有してはならず、何もしてはならないということを意味してはいない。それの意味するところは、自分が所有するもの、自分が持つものに、また神にさえも、縛られ、自由を奪われ、つなぎとめられてはならない、ということである。［……］

　持つ存在様式において問題になるのはさまざまの持つ対象ではなく、私たちの人間としての態度全体である。すべてのものが、何でもが、渇望の対象となりうる。日常生活で使う物、財産、儀礼、善行、知識、思想。それらはそれ自身として〈悪い〉わけではなく、悪くなるのである。すなわち私たちがそれらに執着する時、それらが自由をそこなう鎖となる時、それらは私た

ちの自己実現を妨げるのである。

　フロムは、「持つこと」と「あ・る・こと」を対比させつつ、人間がいかにして不自由になり、自己実現を妨げられるかを論じています。学歴を「持つ」ための偏差値主義教育は、人間の自由につながらないどころか、「**自由をそこなう鎖**」となります。人間がさまざまな拘束から自由になり、自分の生き方を取り戻すためには、どのような教育が必要となるのでしょうか。節を改めて考えたいと思います。

2 「自由の人格」のための教育——デューイ、南原繁、フロム、サンデル

　デューイは、教育と民主主義の密接な関連を強調しています。

> J. デューイ（河村望訳）2000［原書 1916］『デューイ＝ミード著作集 9　民主主義と教育』人間の科学新社、120-121 頁
> 　民主主義的社会は外的権威の原理を拒否するから、その社会は自発的な性向や関心のなかに、それに代わるものを見いださなければならない。これらは、ただ教育によってのみ創造される。しかし、より深い説明が存在する。民主主義は統治の形態以上のものである。それは一義的には、結合的生活の一様式であり、共同的な、コミュニケートされた経験の一様式である。

　民主主義を根付かせることは、アジア太平洋戦争の後の日本にとって極めて重要な課題でした。新しい時代の教育制度の建設に向けて多大な貢献をした南原繁は、教育の理念について以下のように述べています。

> 南原繁　1973［1947 年の講演］「教育の理念——『教育研究集会』開会式における演述」『南原繁著作集　第 7 巻　文化と国家』岩波書店、154-155 頁、156 頁、158 頁
> 　およそ教育は、それが単に一時代の社会を対象としてでなく、「人間」そのものを主体として考えるときに、初めて本質的な意義を有し来たるものと思う。なぜならば、社会はたえざる変動のなかにあるのに対して、人間はあくまでも人間であらねばならぬから。それ故に、真の「人間性」をつくること——ひと一人々々を、そのおかれた環境のなかで、それぞれの個性に応じて、最善のものにまで形成し、それによっておのおのが自分で考え、自分

で意欲し行為する自由の人格たらしめることは、教育の不変の理念でなければならぬ。

　この意義を没却していたずらに国家思想を注入し、おのおのの個性を国民としての一つの型に鋳込もうとしたところに、旧き日本の教育の誤りがあったのである。そこに人格の自由や尊厳を蹂躙して、ただ民族の発展の名のもとに、今次の戦争も遂行せられたのではなかったか。ところが、さらに現在同じ危険がないであろうか。現下の経済的社会生活の苦難に直面して、人々は社会的組織と結合の力に人間の救済を期待する。ここに、個々人は再び自らの固有の存在と自由を犠牲にして、ひとえに巨大な組織の構成員として教育さるべきである、との主張が生ずるのである。それは、われわれ自身を国家の手に委ねた場合と同様の危険に導くものといわねばならぬ。

　しかるに、人間の本質はその人間性の全充実において、人間であることのうちに成り立つものである。人間の真の意義は、彼の国家的公民生活のうちにも、また彼の社会的活動のうちにも存しない。それは、人間であること——彼自身の意識の内的自覚のうちに存するのである。されば、教育は、あくまで自らの魂をもった自主自律的な人間個性の開発と完成でなければならぬ。実に自己実現こそ教育の理想である。私は単に狭い道徳的人格のことをいっているのではない。すべて偉大なものや、美なるものや、真なるものに向って心を開かれた人間のことをいっているのである。〔……〕

　〔……〕人間教育の最後の言葉は、万人に対する「愛」であり、愛のみが人間のあり方を正確に知らしめる真の「人間知」である。それは、もはや単なる人間の自然的性質から導き出されるものではなく、結局、人間を超えた至高者の恩寵を必要とする。まことに教育の仕事は神の恩寵と援助——それに対する宗教的信仰なくしてはできないことであり、それがないかぎりヒューマニズムも単なる言葉にすぎないであろう。〔……〕

　教育はまことに至難ではあるが偉大な『芸術（クンスト）』である。

万人に対する「愛」、という表現は、フロムの言葉にも重なります。

エーリッヒ・フロム（鈴木晶訳）1991〔原書 1956〕『愛するということ〔新訳版〕』紀伊國屋書店、185-186 頁
　子どもを「信じる」ことと同じく、人類を「信じる」ということは、次の

ような理念にもとづいている。すなわち、人間には可能性があるので、適当な条件さえあたえられれば、平等・正義・愛という原理にもとづいた社会秩序をうちたてることができる、という理念である。人間はまだそうした秩序をうちたてるにはいたっていないが、だからこそ、きっとうちたてることができるという確信を抱くには、信念が必要なのである。しかし、理にかなった信念がすべてそうであるように、この信念も願望思考ではない。人類がこれまでになしとげてきたことや、個々人の内的経験、つまり自分の理性や愛の経験によって裏づけられているのだ。

南原によれば、教育の不変の理念は真の「人間性」をつくることです。それは、一人ひとりを、自分で考え、自分で意欲し行為する**自由の人格**たらしめることです。この理念は、戦前日本における「国家のための教育」をはじめ、あらゆる意味での「組織の構成員としての教育」の対極に位置づけられます。

南原は、**自己実現**という言葉によって、自らの魂をもった自主自律的な人間個性を強調します。「すべて偉大なものや、美なるものや、真なるものに向って心を開かれた人間」という理想は、リベラルアーツ教育の根幹に置かれるべきだと考えられます。

戦後、日本国憲法を踏まえて 1947 年に公布された教育基本法（改正前）は、教育の目的について以下のように定めました。南原繁の文章とあわせて読むと、教育基本法の理念がよく伝わってくるはずです[35]。

教育基本法 [改正前] (1947)

前文　われらは、さきに、日本国憲法を確定し、民主的で文化的な国家を建設して、世界の平和と人類の福祉に貢献しようとする決意を示した。この理想の実現は、根本において教育の力にまつべきものである。

われらは、個人の尊厳を重んじ、真理と平和を希求する人間の育成を期するとともに、普遍的にしてしかも個性ゆたかな文化の創造をめざす教育を普及徹底しなければならない。

---

35)　教育基本法は、2006 年に改正されました。新旧対照表を確認して、どのような部分がどのように変更されたのか、なぜ変更されたのか、検討してみてください。「改正前後の教育基本法の比較」 https://www.mext.go.jp/b_menu/kihon/about/06121913/002.pdf （2022 年 1 月 28 日アクセス）

　ここに、日本国憲法の精神に則り、教育の目的を明示して、新しい日本の教育の基本を確立するため、この法律を制定する。

第1条（教育の目的）　教育は、人格の完成をめざし、平和的な国家及び社会の形成者として、真理と正義を愛し、個人の価値をたつとび、勤労と責任を重んじ、自主的精神に充ちた心身ともに健康な国民の育成を期して行われなければならない。

　このような理念とは異なり、現代の教育現場においては、ますます競争主義や能力主義の発想が強まっています。

マイケル・サンデル（鬼澤忍訳）2021『実力も運のうち　能力主義は正義か？』早川書房、92頁

　入学試験が厳しさを増すにつれ、一流大学を目指す（あるいは親が目指す）子供の青春時代は、すさまじい努力の戦場と化してきた――それは、きわめて計画的で、プレッシャーが大きく、ストレスを生む期間であり、大学レベルの科目履修、個人向け入試カウンセラー、SAT対策の家庭教師、
^{アドバンスト・プレースメント・コース}
スポーツをはじめとする課外活動、入学審査委員会に好印象を与えることを目的とした僻地におけるインターンシップや奉仕活動などで埋まっている。そして、子供のために最善を追求する心配性で過干渉な親によって、すべてが監督されているのだ。

　ストレスと苦闘に満ちたこの試練を乗り切るには、人生におけるいかなる成功も、努力と勤勉によって手に入れたのだと信じる必要がある。こう信じているからといって、学生が利己的で狭量になるわけではない。多くの学生が公共サービスをはじめとする立派な仕事に多くの時間を費やしている。しかし、過去の経験が彼らを頑なな能力主義者にする。先祖のピューリタンと同じように、彼らは自分が、自らの多大な努力によって勝ち取った成功に値すると信じているのだ。

　サンデルは、「人はその才能に市場が与えるどんな富にも値するという能力主義的な信念は、連帯をほとんど不可能なプロジェクトにしてしまう」（同書323頁）といいます。サンデルが念頭においているのはアメリカや中国の状況ですが、人々に内在する「能力」という幻想・仮構に支配されている

点で、日本の問題の方がより根深い、との指摘もなされています（同書332頁、本田由紀による解説）。

　競争主義に基づく教育が自由な人格形成とは反対方向に働いてしまうのだとすると、自由な人格を完成し、一人ひとりが自己実現を追求していくために、どのような教育を行えば良いのでしょうか。教員には何ができるのでしょうか。次節では、この問題を考えてみたいと思います。

3　教員は何をすべきか──ロジャーズ、フレイレ

　ロジャーズは試験や結果に気を取られる教育のあり方に根源的な疑問を投げかけ、次のような提案をしています。

C. R. ロジャーズ（諸富祥彦・末武康弘・保坂亨訳）2005『ロジャーズが語る自己実現の道』岩崎学術出版社、244頁、245-246頁

　他者に教えることができるものは、いずれかと言えば、どれも取るに足らないことであって、行動にはほとんどあるいはまったく意味ある影響を与えないように思える。［……］行動に意味ある影響を与える学習とは、自己発見的、自己獲得的な学習だけである。［……］

a.　［……］教えることはしないほうがいいだろう［……］。人々は学びたいという気持ちがあれば自然に集まり、学び合うものである。

b.　試験はやらないほうがいいだろう。試験は重要ではない学習の効果しか測ることができないから。

c.　同様の理由で、成績評価や通知表といったものもやめたほうがいいと思われる。

d.　同様に、能力を測るものとしての卒業証明や学位も廃止したほうがいいだろう。このように言うもう一つの理由は、卒業証明や学位は何かが終了したことや結果を示すものであるが、学習者は学び続ける過程にこそ興味を持っているからである。

e.　この体験は、結論を示すことをやめる、ということも意味している。と言うのも、私たちは結論からは重要なことは学べないことに気づいているからである。

　これらの提案は一見すると常識外れですが、たしかに、教員が教えるのを
やめて学生が主体的に取り組み始めたとき、学生の力が飛躍的に伸びること
があります。法曹実務家等を養成するための専門教育においては試験等も重
要ですが、リベラルアーツ教育においては生涯にわたる終わりない知的探究
の姿勢こそが大切ですから、特定の基準によって学生を点数化・序列化する
試験にはなじまないところがあります。むしろ、一人ひとりが既存の評価基
準を徹底的に疑い、吟味しながら、自らの価値基準、つまり自分自身だけの
かけがえのない生き方を確立してゆくことを目指すのが重要だと思われます。
　そうだとすると、教員は何をすべきなのでしょうか。対話型教育の必要性
を説いたパウロ・フレイレは、次のように述べています。

パウロ・フレイレ（里見実訳）2001［原書 1992］『希望の教育学』太郎次郎社、
113頁
　教師の側についていうと、教えている内容を自らが知り、自分のものにし
ていくことによって、つまり自分自身がそれを学んでいるかぎりにおいて、
教師は真の意味で教えているといえるのである。教えながら、教師はすでに
知っていることを知りなおしているのである。言いかえれば、生徒の認識作
用によりそいながら、かれ・彼女は自分の認識作用を再構成しているのであ
る。だから教えるということは一つの知る行為の形態であって、何かを教え
ることによって生徒のなかにも知る行為を呼び起こそうとすれば、必然的に、
教師は自らも知る行為をおこなわざるを得ない。教えることは、それゆえに
創造的な行為であり、批判的な行為であって、機械的な行為ではない。教師
と生徒の知る意欲が、教える―学ぶという行為をベースにして、行動的に
出会うのである。

　フレイレは、「誰かが誰かを教育するのではない。自分を自分一人で教育
するのでもない。人は自らを教育しあうのだ、相互の交わりのなかで。」（同
書裏表紙より引用）という印象的な言葉を残しています。フレイレの言葉から
は、教員の側が「知る意欲」をもって新しく学ぶことを楽しんでいないので
あれば、そこでは教育が成立していない、という厳しいメッセージを読み取
れるように思います。
　筆者自身は、リベラルアーツ教育における教員の役割は次の2点に限定す
べきだと考えています。第一に、古今東西の読むべき古典、そして味わうべ

き美術・芸術・音楽・映画・小説・漫画等を学生に紹介すること。第二に、学生が学びたいという気持ちを持って自然に集まり、一緒に学びあってゆく状態をうしろからサポートすること。

　リベラルアーツ教育においては、知識量を確かめて学生を序列化するような試験は、なるべく行わない方が良いでしょう。教員に真理を教えることなどできませんが、真理を目指して一緒に考えることはできます。そのような考え方に基づき、リベラルアーツ教育はおのずとプレゼンテーションやディスカッションが中心になり、対話型で進んでいきます。われわれはどのように教え、学んでいくべきなのか、ぜひ批判的に考えてみてください。

探究課題

1　学歴主義や能力主義は、どのように形成されてきたのでしょうか。
⇨苅谷剛彦 1995『大衆教育社会のゆくえ――学歴主義と平等神話の戦後史』中公新書；苅谷剛彦 2014『教育の世紀――大衆教育社会の源流』ちくま学芸文庫；本田由紀 2020『教育は何を評価してきたのか』岩波新書
2　教育は、「仕事の役に立つ」ものであるべきでしょうか。
⇨本田由紀編 2018『文系大学教育は仕事の役に立つのか――職業的レリバンスの検討』ナカニシヤ出版

引用文献

マイケル・サンデル（鬼澤忍訳）2021『実力も運のうち　能力主義は正義か？』早川書房

J. デューイ（河村望訳）2000『デューイ＝ミード著作集9　民主主義と教育』人間の科学新社

南原繁 1973「教育の理念――『教育研究集会』開会式における演述」『南原繁著作集　第7巻　文化と国家』岩波書店

西研 2017『ルソー　エミール――自分のために生き、みんなのために生きる』NHK出版

パウロ・フレイレ（里見実訳）2001『希望の教育学』太郎次郎社

エーリッヒ・フロム（鈴木晶訳）1991『愛するということ〔新訳版〕』紀伊國屋書店

エーリッヒ・フロム（佐野哲郎訳）1977『生きるということ』紀伊國屋書店

ルソー（長尾十三二ほか訳）1967『エミール 1』明治図書出版

C. R. ロジャーズ（諸富祥彦・末武康弘・保坂亨訳）2005『ロジャーズが語る自
　　己実現の道』岩崎学術出版社

第**8**章 —— 自由は語りうるか
言語と法

　言語は「人間の思考と社会的営みのあらゆる局面に浸透して、その不可欠の構成要素をなしてい」ます（「参照基準　言語・文学分野」2012：ⅳ頁）。法と言語は深く結びついているため、法学において言語や翻訳の問題はとても重要です。本章では言語学の古典に触れながら、法学における翻訳や法解釈の問題について考えます。

┃ディスカッション・クエスチョン┃
1　言語や法の恣意性と、自由とはどのように関係するのでしょうか。
2　「自由のはき違え」は、なぜ起こるのでしょうか。
3　法律の条文には、唯一の正しい解釈があるべきでしょうか。

1　言語の恣意性──ソシュール

法と言語の関係につき、法哲学者の碧海純一は次のように述べています。

> 碧海純一　1965『法と言語』日本評論社、5頁
> 　法は、経済や政治とならんで、文化の重要な一領域を成すものと考えられる。人間の文化は、後述のように、そもそも言語をはなれては存在しえないから、法も経済も政治も、言語をぬきにしては全く考えられない。しかし、この中でも、法は、単に上述のような一般的な意味で言語を前提するにとどまらず、さらに、きわめて特殊なしかたで言語とむすびついている。つまり、法というものは、それ自体が言語の一形態なのである。

　ここで説明されているように、法と言語の関係は、ただ単に「法が言語をはなれて存在しえない」ということにとどまらず、**法はそれ自体が言語の一形態**といえます。

語彙目録としての言語観

 ：*ARBOR*《樹》

 ：*EQUOS*《馬》

など　　　　　　　など

出典）ソシュール　2013：35頁

　このことを意識しつつ、近代言語学の父と呼ばれるソシュールの議論を紹介します。ソシュールは、上図のように示される「語彙目録」としての言語観を批判し、次のように述べています。

フェルディナン・ド・ソシュール（菅田茂昭訳）2013 ［1906 ～ 1911 年の講義］
『一般言語学講義　抄』大学書林、34-39 頁

　言語記号が結ぶのは、ものと名前ではなく、概念と音響映像である。後者は純粋に物理的なものとしての、物質的音声ではなく、この音声の心的痕跡であり、私たちの感覚で証拠づけられるものを表示している；［……］

　言語記号は、したがって 2 面からなる心的実在体であり、次のように図示される：

　この二つの要素は緊密に結ばれ、たがいに呼び合う。ラテン語の *arbor* の意味を、あるいは《樹》という概念を表わすラテン語を探すとき、言語（ラング）により認められたつながりのみが現実にそぐうものと見なされるのは明らかであり、それ以外に思い出されるものがあってもすべて排除している。

　この定義は用語上の重要な問題を生ずる。私たちは概念と音響映像の結合を記号（signe）と呼んでいる：だが慣用ではこの用語は一般に音響映像のみを、例えば語（arbor など）を指す。arbor が記号と呼ばれるのは、それが《樹》という概念をもつからであることが忘れられ、その結果感覚的な部分の方が全体を表してしまうのである。

　この曖昧さは、これら三つの概念を、たがいに対立しながら呼び合う名称で指示すれば、消滅するだろう。私たちは、記号（signe）という語を全体を指示するために残し、概念と音響映像をそれぞれシニフィエ（signifié）とシニフィアン（signifiant）に置き換えることを提案する；このあとの二つの用語は、それらの間であれ、それらとそれらを部分とする全体との間であれ、その対立を示すのに有利である。［……］

　シニフィアンとシニフィエを結ぶ絆は、恣意的である、あるいは記号はシニフィアンとシニフィエとの連合からなる全体であるから、もっと単純に言うことができる：言語記号は恣意的である。

　ここで示された「言語記号は恣意的である」という主張は、言語学にとどまらず、多様な分野に大きな影響を与えました。例えば、経済学者の岩井克人は、言語・法・貨幣の「恣意性」に着目し、個人の自由について論じています。

岩井克人・前田裕之 2015『経済学の宇宙』日本経済新聞出版社、465-466 頁、470-471 頁

〈自己循環論法〉

　［……］言語とは、すべての人間が言語として使うから言語なのです。法とは、すべての人間が法として従うから法なのです。そして、貨幣とは、もちろんすべての人間が貨幣として受け取るから貨幣なのです。

　言語も法も貨幣も、まさにこのような自己循環論法の産物であるからこそ、物理的性質にも遺伝子情報にも還元しえない意味や権利や価値を持ちうるのです。

　［……］言語学も法学も貨幣論も、その学問としての出発点は、まさに言語、法、貨幣の「恣意性」の認識であったのです。［……］

〈個人の自由〉

　言語と法と貨幣の媒介——それは、個々の人間にとっては、「自由」の条件です。

　言語も法も貨幣も、まさに自己循環論法の産物であることによって、物理的性質にも遺伝子情報にも血縁地縁にも還元されない意味や権利や価値として、歴史の中で人から人へと受け渡され、社会の中に蓄積されてきました。

　そして、ひとたび人間が言語を使う社会の中に生まれ、社会の中の他の人間と言語を媒介として意思を伝達し合うと、その言語を内面化するようになります。言語によって思考し、言語によって判断し、言語によって意思決定するようになるのです。それは、それぞれの人間がみずからの脳の中に自立性を持った意味の宇宙を作り上げることを可能にし、物理的世界の構造からも生得的本能の命令からも小集団の秩序からも制約されずに、思考し判断し意思決定する自由を個人個人に与えることになるのです。

　ひとたび人間が法の支配の下に入ると、人間同士の利害関係は法を媒介とした権利・義務関係になります。それは、それぞれの人間が他人の介入から守られる権利の領域を確保することを可能にし、他人と共存しながら自己の目的を追求していく自由を個人個人に与えることになるのです。

　ひとたび人間が貨幣を受け入れると、人間同士の交換関係は貨幣を媒介とした売買関係になります。それは、それぞれの人間が貨幣という形で交換価値それ自体を持ち運ぶことを可能にし、好きな時間に好きな場所で好きな相手と交換できる自由を個人個人に与えることになるのです。

　もちろん、「自由」こそ人間の本性です。その意味で、言語と法と貨幣はまさに「人間の本性」そのものを形作っているのです。

　岩井克人は「言語・法・貨幣」を探究し、生命科学とも、物理科学とも区別される第三の科学として「人間科学」を規定し直す、という壮大な議論を展開しています（同書458頁以下）。「自由」とも密接に関わる議論ですので、ぜひ手に取ってみてください。

2　「リベルチ」・「ライト」をどう訳すか——福澤諭吉、柳父章

　次に、翻訳の問題を考えましょう。法学に限らず、日本における社会科学全般にとって、翻訳という営みはとても重要です。「参照基準」は次のよう

に述べています。

> 「訳す」という行為は、起点言語のテクストを理解し、解釈し、それ
> を目標言語で表現することであり、すなわち言語間の異質性と格闘する
> ことにほかならない。つまり外国語教育において「訳す」という実践は、
> 自らの言語と文化を省察しながら異なる文化を体験し複眼的思考を獲得
> することであり、世界の多様性を認識する手だてとなり得る。(「参照基
> 準　言語・文学分野」2012：5頁)

　言語は「語彙目録」ではありませんので、arbor＝樹、liberty＝自由、
right＝権利、などと機械的に置き換えて翻訳できる、という単純なもので
はありません。翻訳の際には、**異文化との格闘**、すなわち、自らの言語と文
化を省察しながら異なる文化を体験する複眼的思考が必要になります。

　法学を含め、社会科学分野の概念のほとんどは、主として明治時代に異文
化間の格闘を経て考案された翻訳語です。例えば、福澤諭吉は自由（リベル
チ）、通義（ライト）の字義を以下のように註解しています。

マリオン・ソシエ＝西川俊作編 2002［原書 1898］『福澤諭吉著作集　第1巻
西洋事情』慶應義塾大学出版会、230-232頁
　第一　「リベルチ」とは自由と云う義にて、漢人の訳に自主、自専、自得、
自若、自主宰、任意、寛容、従容、等の字を用いたれども、未だ原語の意義
を尽すに足らず。
　自由とは、一身の好むまゝに事を為して窮屈なる思なきを云う。古人の語
に、一身を自由にして自から守るは、万人に具わりたる天性にて、人情に近
ければ、家財富貴を保つよりも重きことなりと。［……］
　千七百七十年代、亜米利加騒乱の時に、亜人は自由の為めに戦うと云い、
我に自由を与うるか、否ざれば死を与えよと唱えしも、英国の暴政に苦しむ
の余、民を塗炭に救い、一国を不羈独立の自由にせんと死を以て誓いしこと
なり。当時有名のフランキリンが云えるには、我身は居に常処なし、自由の
存ずる所、即ち我居なりとの語あり。さればこの自由の字義は、［……］決
して我儘放蕩の趣意に非らず。他を害して私を利するの義にも非らず。唯心
身の働を逞して、人々互に相妨げず、以て一身の幸福を致すを云うなり。
自由と我儘とは動もすればその義を誤り易し。学者宜しくこれを審にすべ

し。

　第二　「ライト」とは元来正直の義なり。漢人の訳にも正の字を用い、或は非の字に反して是非と対用せしもあり。正理に従て人間の職分を勤め邪曲なきの趣意なり。

　又この字義より転じて、求むべき理と云う義に用ゆることあり。漢訳に達義、通義等の字を用いたれども、詳に解し難し。元来求むべき理とは、催促する筈、又は求ても当然のことゝ云う義なり。譬えば至当の職分なくして求むべきの通義なしと云う語あり。即ち己が身に為すべき事をば為さずして他人へ向い求め催促する筈はなしと云う義なり。[……]

　人生の自由はその通義なりとは、人は生ながら独立不羈にして、束縛を被るの由縁なく、自由自在なるべき筈の道理を持つと云うことなり。

　福澤諭吉は、既存の翻訳語がなかなか西洋語の意味を表現しきれていない、と注意を促しつつ、「自由とは、一身の好むまゝに事を為して窮屈なる思なきを云う」と説明しています。「自由と我儘とは動もすればその義を誤り易し」との指摘がありますが、ここには「自由のはき違え」という問題があります。

柳父章　1982『翻訳語成立事情』岩波新書、177 頁

　「自由」ということばは、正しく理解されればいい意味であり、「はき違え」て理解されれば悪い意味になる、というように、私たちは漠然と考えがちであるが、そうではない、と私は考える。問題は、理解の仕方にあるのではない。母国語の中に深い根をおろして歴史を担っていることばは、「はき違え」ようがないのである。

　「はき違え」られている「自由」は、翻訳語「自由」である。

　近代以後の私たちの「自由」ということばにも、英語で言えば freedom や liberty のような西欧語の翻訳語としての意味と、伝来の漢字のことば「自由」の意味とが混在しているのである。そして単純化して言えば、西欧語の翻訳語としての「自由」はいい意味、伝来の「自由」は悪い意味である。

　「自由」という言葉は、日本ではもともと「我まま勝手」というような悪い意味で用いられていた、という事情があります。翻訳語として成立した当初から、liberty や freedom といった西欧語の持つ良い意味との間に、大き

なずれがあったといえます（日本における「自由」のさまざまな用法につき、小堀
2010）。

　同様のずれは、「権利」にも当てはまります。福澤が「『ライト』とは元来
正直の義なり」と書いているように、right や、それに対応する西洋語には、
「まっすぐな」、「正しさ」という意味があります。ここには、「道徳的な正し
さ」という意味合いが含まれます。これに対し、現在の日本語や中国語の
「権利」という言葉は、権力の「権」、利益の「利」から成り、もともとの
「正しさ」という意味合いが消えてしまっています。せめて、理性・理由の
「理」を用いて、「権理」という訳語を採用していればより良かった、とも考
えられます。

　日本は明治以来、比較法学を通じて日本の法制度を作り上げてきたため、
現在でも複雑な翻訳の問題から離れることができず、法学研究のためにはド
イツ語やフランス語を学ぶ必要があります[36]。さらに進んで、日本の法制度
について、正確に外国語に翻訳して発信することも重要な課題となっていま
す。

3　言語哲学と法──チョムスキー、ヴィットゲンシュタイン、碧海 純一、大屋雄裕

　言語学者のチョムスキーは、言語に対する自然科学的な研究で知られてい
ます（参照、酒井 2019）。チョムスキーは、ヴィットゲンシュタインに言及し
つつ、次のように述べています。

ノーアム・チョムスキー（川本茂雄訳）1975『知識と自由』番町書房、
31-32 頁
　ヴィットゲンシュタインは、「語は、いわば、われわれから独立したなに
かの力によって、意味を与えられていて、したがって、語が直実なにを意味
するかについての一種の科学的探究が存在し得る、──そういうようなも
のではない。語は、だれかがそれに与えた意味をもっているのである」と論

---

[36]　外国語を学ぶ素材としては、NHK の語学講座や、東京外国語大学言語モジュール（http://
www.coelang.tufs.ac.jp/mt/）がとても便利です。濱本正太郎教授による「国際法を学ぶ者のた
めのフランス語学習資源」（http://www.hamamoto.law.kyoto-u.ac.jp/francais.html）もぜひご覧
ください。

じたが、ここに言及されていることが意味の意識的な明示的な説明（もしく
は、ヴィットゲンシュタインが時に含意しているところに従えば、こうした説明
を与える準備態勢）のことであるならば、この断定はおよそ受け容れ難い。
他方、言語の形式と組織とに働きかける条件を発端から備えた有機体が、概
念のあいだの相互連関の体系と、使用と言及との諸条件とを、乏しい証拠を
基盤として構築し得るさまを容易に想像することができる。このことには、
なんらの内有的神秘もない。このような有機体については、これらの体系的
構造と条件との科学的究明を遂行することができるはずであって、これが語
が真実なにを意味するかについての科学的究明の一部と記述されてなぜいけ
ないのか、不明である。

　この引用箇所には、チョムスキーとヴィットゲンシュタインの方法論の違
いがよく現れています。チョムスキーの批判対象となっているヴィットゲン
シュタインの文章を読んでみましょう[37]。

ウィトゲンシュタイン（野矢茂樹訳）2003『論理哲学論考』岩波文庫、114-
115頁
五・六　　　私の言語の限界が私の世界の限界を意味する。
五・六一　論理は世界を満たす。世界の限界は論理の限界でもある。
　それゆえわれわれは、論理の内側にいて、「世界にはこれらは存在するが、
あれは存在しない」と語ることはできない。
　なるほど、一見すると、「あれは存在しない」ということでいくつかの可
能性が排除されるようにも思われる。しかし、このような可能性の排除は世
界の事実ではありえない。もし事実だとすれば、論理は世界の限界を超えて
いなければならない。そのとき論理は世界の限界を外側からも眺めうること
になる。
　思考しえぬことをわれわれは思考することはできない。それゆえ、思考し
えぬことをわれわれは語ることもできない。

　論理哲学論考は、「語りえぬものについては、沈黙せねばならない」（同書
149頁）という印象的な言葉で締め括られています。

37）　訳者の野矢茂樹は「ウィトゲンシュタイン」と表記していますが、同一人物です。

　以下では、自然科学というよりは言語哲学の発想を踏まえながら、法律の条文には唯一の正しい解釈があるか、という法解釈の根本問題に取り組んでみたいと思います。

　碧海純一は、記号学を踏まえながら次のように論じています。

碧海純一　2000『新版 法哲学概論〔全訂第2版補正版〕』弘文堂、106-107頁

　現代の記号学（semiotics）においては、三つの基本要素とその関係が扱われる。第一の要素は記号そのものであり、第二はそれが表す「もの」、第三は記号使用者である。［……］この三者の関連において最も基本的に重要なことは、記号と「もの」との間の指示関係は記号使用活動を離れてはそもそも存立し得ない、という事実であり、記号と自然サインとの区別は正にこの点に存する。［……］

　このことは特に改めて指摘する必要もないほど当然の理であるにもかかわらず、日常生活は言うに及ばず、政治的議論や、哲学、社会科学においては今日でも実際に往々忘れられがちな真理である。「法の本質」をめぐる伝統的理論に見られた混乱も、法律の条文にはそれぞれ「唯一の正しい解釈」があるはずだとの見解も、語には「固有の」、「真の」意味があるという考えも、結局はすべて語や文の指示機能に関する洞察の不足に由来する。

　碧海は記号論を踏まえ、「法律の条文には唯一の正しい解釈があるはずだ」という見解は、語や文の指示機能に関する洞察不足に由来する、と言います[38]。それでは、法の解釈とは、いったいどのような営みなのでしょうか。「法の本質」や「自由の真の意味」と同様、条文の意味は「語り得ないもの」なのでしょうか。

　大屋雄裕は、野矢茂樹の根元的規約主義を基本に据えたうえで、次のように述べています。

---

38)　関連する指摘として、碧海純一は第4章で紹介したヘーゲルの議論に対し、「ヘーゲルの『世界精神』などという表現は情緒意味のみあって、認識意味が皆無に近い表現だと私は思う。『世界史は世界精神の自己実現過程である』というような文章を学ぶことによって、何か内容のある知識を得た、と思う人があったら、それは錯覚である」（碧海 1965：103頁）と述べています。

> 大屋雄裕 2006『法解釈の言語哲学──クリプキから根元的規約主義へ』勁草書房、iii 頁
>
> 　法は客観的に存在したり、その命ずるところが客観的に導かれたりするものではない。それは法にとどまらず、むしろ規則一般に該当する性質である。法とは、そのような根元的な不確定性の中において客観性を作り出すシステムとして理解されるべきなのだ。法が扱い、あるいは積極的に作り出す現実とは、世界の物理的な・自然な・あるいは本質的な存在と照らし合わせてその正否を判断されるようなものではない。むしろ本当はそうでないのに法的にはそうだとすること、つまり人工的な現実を作り出す擬制という手法にこそ、法の解釈という行為の意味があるのではないか。法解釈とは、どこか世界に我々の行為と離れて存在する正解を見つけ出すための手法ではなく、法的な現実を作り出す我々の行為なのである。

　「本当はそうでないのに法的にはそうだとすること、つまり人工的な現実を作り出す擬制」にこそ法解釈という行為の意味がある、という指摘は、「フィクションとしての法」にも重なります（⇨第12章）。法解釈は、あるべき現実を作り出してゆく、とても創造的な営みです。解釈である以上、法の文言から離れることはできませんが、法の趣旨に遡って説得的に理由づけることさえできれば、創造的な解釈によって新しい現実を作り出していくことができます。

　あらかじめ誰かが決めた正解を答えるというよりも、法的な現実を新しく作り出す行為としての法解釈は、とても楽しい営みです。「リベラルアーツの法学」においては、自由に法を解釈し、より良い法解釈を目指して対話を深めていく学びを楽しんでいただきたいと思います。

探究課題

1　善、悪、幸福、価値、生の意義といったことがらは、「語り得ぬもの」として却下されるのでしょうか。
⇨野矢茂樹 2006『ウィトゲンシュタイン『論理哲学論考』を読む』ちくま学芸文庫
2　法言語学とは、どのような学問分野でしょうか。

⇨ジョン・ギボンズ（中根育子監訳）2013『法言語学入門──司法制度におけることば』東京外国語大学出版会；橋内武・堀田秀吾編著 2012『法と言語──法言語学へのいざない』くろしお出版

引用文献

岩井克人・前田裕之 2015『経済学の宇宙』日本経済新聞出版社

碧海純一 1965『法と言語』日本評論社

碧海純一 2000『新版 法哲学概論〔全訂第 2 版補正版〕』弘文堂

ウィトゲンシュタイン（野矢茂樹訳）2003『論理哲学論考』岩波文庫

大屋雄裕 2006『法解釈の言語哲学──クリプキから根元的規約主義へ』勁草書房

小堀桂一郎 2010『日本人の「自由」の歴史──「大宝律令」から「明六雑誌」まで』文藝春秋

酒井邦嘉 2019『チョムスキーと言語脳科学』インターナショナル新書

ノーアム・チョムスキー（川本茂雄訳）1975『知識と自由』番町書房

マリオン・ソシエ＝西川俊作編 2002『福澤諭吉著作集　第 1 巻　西洋事情』慶應義塾大学出版会

フェルディナン・ド・ソシュール（菅田茂昭訳）2013『一般言語学講義　抄』大学書林

柳父章 1982『翻訳語成立事情』岩波新書

音楽と法

　「音楽と法」については、ベルンハルト・グロスフェルト教授による興味深い論文が日本語に翻訳されています。この論文は、文字情報の氾濫に翻弄されがちな現代において、**音楽は文字に依らない不文の規律として経験的な法的世界を形作る**、といいます。

　グロスフェルト教授は、マリー・テレーズ・フェーゲン（1946-2009）の「法の詩（Das Lied vom Gesetz）」という著作を引用しながら、以下のように述べています。

ベルンハルト・グロスフェルト（楢﨑みどり訳）2016「音楽と法」『比較法雑誌』50 巻 2 号、214-215 頁〔論文に付された脚注は省略〕

　ケルゼンは「法律の朗唱（juristischer Gesang）」をほとんど評価していない。彼には法が法として、中身が空虚な「根本規範（Grundnorm）」に基づいて「妥当する（Geltung）」ことで十分であった。

　フェーゲンによれば、そのような法においては「死せる声（Totenstille）」が主調をなしており、そうした法には「音楽」が欠けているという。これに対してソロン（Solon）〔古代アテナイの法律家・詩人〕を好もしく思っている。ソロンは「言葉による規律を、話す代わりに歌わせた（die Ordnung der Worte zu Gesang statt Rede setzte）」。すなわち、「語り得ないことについては歌わなければならない」。つまり、「法の言葉を詩の形にする」ことや「法を歌う」ことに思い入れがあったのである。法と結びついた「リズムと音楽を保つこと」は、「人間に本来的に備わっている可能性」を可視化する。韻律を持った構造（die metrische Struktur）のこのような「魔法の力」は、「正しい規律（gute Ordnung）」を記号化した、「『言葉（Worte）』の媒体に」かき消されて声を失うことなく。リズムと音楽だけが「法という金の仔牛の周りを狂気にかられてぐるぐる回ることを止めさせることができる」。

　この論文が示唆している通り、歌うことは人間に本来的に備わっている可

能性を開花させることであり、人間精神の自由と解放を目指すリベラルアーツの本質と密接に結びついています。

　ケルゼンに対する言及部分では、純粋法学が念頭に置かれています（⇨第2章）。「**語り得ないことについては歌わなければならない**」という言葉は、「語り得ないことについては沈黙せねばならない」というヴィットゲンシュタインの言葉を想起させます（⇨第8章）。

　音楽は、リベラルアーツの長い歴史のなかでも非常に重視されてきました。リベラルアーツの伝統のなかで、音楽は数学的学問であったといわれています。J. S. バッハの平均律クラヴィーア曲集やゴールドベルク変奏曲などを聴いてみたり、楽譜を眺めたりしてみると、幾何学的な美しさを感じ取っていただけると思います。

　なお、法律を学んでいた音楽家として、ロベルト・シューマン（1810-1856）が知られています。シューマンは法学にはあまり合わなかったようで、「鉄のように冷酷な定義によって、すでに最初から人間を圧迫してしまう冷たい法律学を好きにはなれません」（門馬 2003：41頁）と母親に書き送っています。後見人に対する手紙には「いくら最初は無味乾燥であっても、ぼくは、自分の職業として確実に法律を選びました。それを一生懸命勉強します」（同 42頁）と書いていたシューマンでしたが、ハイデルベルク大学にてローマ法を指導していたティボー教授は、シューマンの天性が音楽にあって法学に向かないことを見抜き、シューマンに音楽家になるよう勧めた、という逸話が残っています（若林 2013：45頁）。

引用文献

ベルンハルト・グロスフェルト（楢﨑みどり訳）2016「音楽と法」『比較法雑誌』50巻2号

門馬直美 2003『シューマン』春秋社

若林健吉 2013『シューマン──愛と苦悩の生涯〔復刻版〕』ふみくら書房

自由の限界はどこにあるか
倫理と法

第**9**章

　「倫理学は、『真・善・美』の探究という哲学の古典的区分のなかにおける『善』の部分、すなわち、道徳的な価値や規範、人格について哲学的に探究する哲学の一分野」であり、「法的な価値や規範について哲学的に論じる法哲学と隣接」する（「参照基準　哲学分野」2016：5頁）、とされます。

　倫理は「人として守り行うべき道[39]」とも言われますが、社会で当然視されている倫理は、無言のうちに個人の自由を抑圧する側面もあります。倫理が個人の自由に立ち入ることは、どのような場合に認められるのでしょうか。本章は倫理と法の観点から自由の限界を考察するとともに、ヘイトスピーチや自殺をめぐる法規制について検討します。

▌ディスカッション・クエスチョン▌

1　ヘイトスピーチなどの非倫理的な行為は、法律によって処罰すべきでしょうか。
2　人間は自由の刑に処せられているのでしょうか。
3　「自殺の自由」は認められるべきでしょうか。

1　危害原理とは何か──ミル

　法と倫理に関する古典として、J. S. ミルの自由論を読んでみましょう。ここで示された危害原理は、自由の限界を考えるうえで出発点となる重要な考え方です。

39）　『デジタル大辞泉』より。

> J. S. ミル（関口正司訳）2020［原書 1859］『自由論』岩波文庫、27 頁
>
> 　本書の目的は、社会が強制や統制というやり方で個人を扱うときに、用いる手段が法的刑罰という形での物理的な力であれ、世論という形での精神的な強制であれ、その扱いを無条件で決めることのできる原理として、一つの非常に単純な原理を主張することである。その原理とは、誰の行為の自由に対してであれ、個人あるいは集団として干渉する場合、その唯一正当な目的は自己防衛だということである。文明社会のどの成員に対してであれ、本人の意向に反して権力を行使しても正当でありうるのは、他の人々への危害を防止するという目的の場合だけである。身体面であれ精神面であれ、本人にとってよいことだから、というのは十分な正当化にはならない。そうした方が本人のためになるとか、本人をもっと幸福にするとか、他の人々の意見ではそうするのが賢明で正しいことですらあるといった理由で、本人を強制して一定の行為をさせたりさせなかったりすることは、正当ではありえない。これらの理由は、本人をいさめたり、道理を説いたり、説得したり、懇願したりする理由としては正当だが、本人を強制したり、言うとおりにしない場合に害悪を加える正当な理由にはならない。それを正当化するためには、制止したい行為が、他の誰かに危害を加えることを意図しているものでなければならない。この人が社会に従わなければならない唯一の行為領域は、他の人々にかかわる行為の領域である。本人だけにかかわる領域では、本人の独立は、当然のことながら絶対的である。個人は、自分自身に対しては、自分自身の身体と精神に対しては、主権者である。

　ここから、法制度を用いて個人の自由を制約することが許されるのは、個人が他者に対して**危害**を加えるときだけである、という**危害原理**（harm principle）が導かれます。

　危害原理によると、たとえ傍目からみて愚かなように見える行為であっても、他者に危害を加えていないならば、法律による処罰はすべきではありません。例えば、他者に危害を加えずに酒やたばこを大量に摂取している人も、その人にとっては幸福追求のために重要かもしれないのだから、**本人の自律的な生き方を尊重**し、法律による介入は避けるべきだ、という主張が導かれます。もっとも、いまだ自律的な判断のできない未成年者は、危害原理の対象から外されます（同書28頁以下）。

　それでは、他人の悪口を言うなど、非倫理的な行為についてはどうでしょうか。次の引用箇所を読んでみましょう。

J. S. ミル（関口正司訳）2020［原書 1859］『自由論』岩波文庫、168-169 頁「個人に対する社会の権力の限界について」

　各人の行為は、第一に、相互の利益を侵害するものであってはならない。つまり、法律の明文あるいは暗黙の了解のいずれかによって権利とみなされるべき一定の利益を侵害してはならない。第二に、各人は、危害や妨害から社会やその構成員を守るために必要な労苦や犠牲を（何らかの公平な原則によって定められた形で）分担しなければならない。これらの条件を免れようとする人に対しては、社会はなんとしても条件を守るよう強制してよい。社会がしてよいことはこれだけではない。個人の行為は、他人の法的権利までは侵犯しなくても、他人につらい想いをさせたり、他人の幸福に対して当然すべき配慮を欠いたりすることがある。こういう行為をする人に対しては、法律上の処罰はよくないとしても、世論（社会的非難）による処罰なら正当だろう。ある人の行為のなんらかの部分が他の人の利益に有害な影響を与えるやいなや、社会はその行為について判断を下す権限を持つことになる。そして、この行為に干渉することで社会全般の利益が促進されるのか、されないのかをめぐる議論が始まるのである。

　しかし、ある人の行為が他の人々の利益を損なわない場合、あるいは、他の人々の側が〔その人とかかわり合いを持つことを〕望まなければ利益を損なわれずに済む場合は（かかわり合いを持つことになる人たち全員が成人に達していて、通常の理解力を持っている限りでの話だが）、このような問題〔社会による干渉の必要性〕を考える余地はない。こういう場合にはいつでも、行為しその結果を引き受ける完全な自由が、法的にも社会的にもあるべきである。

　ミルは、「他人につらい想いをさせたり、他人の幸福に対して当然すべき配慮を欠いたりする」などの非倫理的行為については、世論などによる社会的非難は可能かもしれないが、他者の権利を侵害していると言えない限り、法律によって処罰することは許容されない、と述べています。

　危害原理によって具体的な事例を検討する際は、何が「危害」とみなされるのかが決定的な重要性を持ちます。ナイフで人を切りつけるのは「危害」ですが、悪口を言って不快感を与える程度であれば「危害」とは言えず、法

律による処罰は許容されない、ということになります。

　それでは、ヘイトスピーチは「危害」と言えるでしょうか。ヘイトスピーチとは、広義では、「人種、民族、国籍、性などの属性を有するマイノリティの集団もしくは個人に対し、その属性を理由とする差別的表現」（師岡2013：48頁）と定義され、日本でも深刻な事件が発生しています。

　表現の自由を重視する憲法学は、ヘイトスピーチも言論である以上、ナイフで人を傷つけるような行為とは性質が異なるとし、あくまで対抗言論（「差別的表現はすべきでない」など、ある言論を批判する言論のこと）によって対処すべきだと考えてきました。この背景には、仮に多数派の倫理観に反しているとしても、異論を述べる自由を徹底的に守るべきだ、という考え方があります。ローザ・ルクセンブルクが次のように述べていることも想起されます。

ローザ・ルクセンブルク（清水幾太郎訳）1962［原文 1918］「ロシア革命論」
『ローザ・ルクセンブルク選集　第4巻』現代思潮社、255-256頁
　自由は、つねに、思想を異にするものの自由である。それは、「正義」への狂信のゆえではなく、政治的自由がわれわれを教え、われわれを正し、われわれを浄める力、それがすべてこの本質に懸っているゆえであって、万一、「自由」が私有財産になれば、その働きは失われるのだ。

　多数派とは異なる思想を持つ者の表現の自由を強調する場合、ヘイト・スピーチに対して刑罰をもって法律で禁止することには消極的になります。

　これに対し、被害の実態をみれば「言論には言論で」という憲法学の主張は机上の空論に過ぎないとして、ヘイトスピーチ規制を支持する考え方もあります。あるいは、危害原理は支持しながらも、ヘイトスピーチはナイフで切りつけるのと同じかそれ以上に深刻な精神的「危害」を被害者に与えるために規制が正当化される、という考え方もあります。

　ウォルドロンは、「尊厳の保護か、不快感からの保護か」と題し、次のように論じています。

ジェレミー・ウォルドロン（谷澤正嗣・川岸令和訳）2015［原書 2012］『ヘイト・スピーチという危害』みすず書房、124-125 頁

　ヘイト・スピーチを規制する法律は、不快な思いをさせられることから人々を守るものと想定されているのだろうか。私はそうは思わない。そこでこの章では、ある人の尊厳を傷つけることと、その同じ人に不快感を引き起こすことの間の区別の基礎について説明しようと思う。この区別は微妙な線を引くことのように思われるかもしれないが、この章で私は、不快感は、たとえどれほど深く感じられたとしても、立法上の関心の適切な対象ではないということを論じたい。他方で尊厳は、まさにヘイト・スピーチを規制する法律が保護するべく設計されている当のものに他ならない——ただしその場合の尊厳とは、何らかの特定の水準の名誉や尊重（あるいは自己尊重）という意味での尊厳ではない。ある人が、しっかりとした立場をもった社会の成員として、マイノリティ集団の成員であるからといって普通の社会的交流をする資格を奪われることのない何者かとみなされるための、人格のもつ基本的な権限という意味での尊厳である。この意味での尊厳こそヘイト・スピーチが攻撃するものであり、ヘイト・スピーチを抑制する法律が保護することを狙いとするものである。

　ここでは、「不快な思いをさせること」と、「尊厳を傷つけること」が区別されています。まず、「不快な思いをさせること」は危害といえず、刑罰を科すことは正当化されません。これに対し、「尊厳を傷つけること」は危害であり、法律で禁止するべき、という議論が導かれます。個人の尊厳は「人々が暮らす共同体の中で誰とでも平等なものとして彼らの地位、基本的正義への彼らの権限、彼らの評価に関する根本的な事柄」（同書 25 頁）であり、攻撃からの保護を必要とするからです。こうしてウォルドロンは、危害原理を支持しながらも、単に「不快な思いをさせる」にとどまらず、「尊厳を傷つける」ヘイト・スピーチは、刑罰をもって法律で禁止するべき、と主張します。

　ここでは、思想を異にするものの自由を確保することと、被害者の尊厳の保護との間で、難しいバランスが求められます。ヘイトスピーチに対してどのように対応すべきか、ぜひディスカッションしてみてください。

2　人間は自由の刑に処せられている──サルトル

　次に、倫理をどのようにして基礎づけるか、根源に遡って考えてみたいと思います。宗教が影響力を持っている地域においては、宗教が倫理の基盤を与えてきました。ところが、ヨーロッパにおいてはキリスト教の影響力が次第に小さくなり、必ずしも神が倫理の基盤を与えない、という事態が生じています。サルトルは次のように述べます。

サルトル（伊吹武彦訳）1966［1945 年の講演］『サルトル全集　第 13 巻　実存主義とは何か──実存主義はヒューマニズムである』人文書院、30-32 頁

　実存主義者は、神が存在しないことは厄介千万だと考える。というのは、神がなくなると同時に、明瞭な神意のなかに様々の価値を発見する一切の可能性が消滅するからである。もはや先験的に善はあり得ない。善を思惟するための無限完全な意識が存在しないからである。善は存在するとか、正直なるべしとか、嘘をいうべからずなどということは、どこにも書かれてはいない。われわれは、ただ人間のみが存在する、そのような平面の上にいるのだからである。ドストエフスキーは、「もし神が存在しないとしたら、すべてが許されるだろう」と書いたが、それこそ実存主義の出発点である。いかにも、もし神が存在しないならすべてが許される。従って人間は孤独である。なぜなら、人間はすがりつくべき可能性を自分のなかにも自分のそとにも見出し得ないからである。人間はまず逃口上を見つけることが出来ない。もし果して実存が本質に先立つものとすれば、或る与えられ固定された人間性をたよりに説明することは決して出来ないだろう。いいかえれば、決定論は存在しない。人間は自由である。人間は自由そのものである。もし一方において神が存在しないとすれば、われわれは自分の行いを正当化する価値や命令を眼前に見出すことは出来ない。こうしてわれわれは、われわれの背後にもまた前方にも、明白な価値の領域に、正当化のための理由も逃口上も持ってはいないのである。われわれは逃口上もなく孤独である。そのことを私は、人間は自由の刑に処せられていると表現したい。刑に処せられているというのは、人間は自分自身を作ったのではないからであり、しかも一面において自由であるのは、ひとたび世界のなかに投げ出されたからには、人間は自分のなすこと一切について責任があるからである。

　サルトルは、「もし神が存在しないならすべてが許される。従って人間は孤独である」といいます。「人間は自由そのもの」ですが、同時に、人間は「逃口上もなく孤独」です。サルトルによる「人間は自由の刑に処せられている」、「ひとたび世界のなかに投げ出されたからには、人間は自分のなすこと一切について責任がある」、という指摘について、どのように考えるでしょうか。ぜひディスカッションをしてみてください。

　神に直接的に依拠することなく道徳を基礎づける議論として、カントの定言法があります。定言命法とは「特定の行為を直接に命令する命法」であり、「行為の内容を示さず、またその行為からどのような結果が生じるかにもかかわらず、行為の形式と行為そのものを生みだす原理にかかわる」（カント 2012：97 頁）ものです。

カント（中山元訳）2012［原書 1785］『道徳形而上学の基礎づけ』光文社古典新訳文庫、112 頁、136 頁

067　第一の定言命法の表現方式

　このように〔絶対的で必然的な〕定言命法はただ一つであり、次のように表現される。君は、君の行動原理が同時に普遍的な法則となることを欲することができるような行動原理だけにしたがって行為せよと。

［……］

085　目的自体としての人間性──第二の定式

　このように最高の実践的な原理が存在すべきであるならば、そして人間の意志に向けられた定言命法が存在すべきであるならば、その原理は次のようなものでなければならないだろう。すなわち、それ自体が目的であるために、すべての人にとって必然的な目的となるものについての観念が、意志を規定する客観的な原理となるような原理であり、したがって、普遍的な実践的な法則として利用できるような原理でなければならない。この原理の根拠は、理性的な本性〔をもつ存在者〕は、それ自体が目的として現実存在するということにある。人間が、みずからそのようなものとして現実存在していると思い描くのは必然的なことである。その意味ではこれは、人間の行為の主観的な原理である。

　しかし他のすべての理性的な存在者も、わたしに妥当する理性的な根拠と同じ根拠に基づいて、みずからがこのようなものとして現実存在していると

思い描くだろう。だからこの原理は同時に客観的な原理でもあり、意志を規定するすべての法則は、最高の実践的な根拠として、この原理から導き出すことができなければならない。こうして実践的な命法は次のように表現されるだろう。君は、みずからの人格と他のすべての人格のうちに存在する人間性を、いつでも、同時に目的として使用しなければならず、いかなる場合にもたんに手段として使用してはならない。

カントは**価格**を持つか、**尊厳**を持つかを問題にします。「価格をもつものは、別の等価のものと取り替えることができる。これにたいしてすべての価格を超越しているもの、いかなる等価のものも認めないものは、尊厳をそなえている」（同書154頁）といいます。

　人間は尊厳を持ったものですから、常に目的とならねばならず、手段として使用してはならない、という原則が導かれます。このことを踏まえつつ、次に自殺の自由について考えてみましょう。

3　自殺の自由はあるか——カント、ショウペンハウエル、デュルケーム

　カントは、定言命法を踏まえ、自殺について以下のように考察しています。

カント（中山元訳）2012 ［原書 1785］『道徳形而上学の基礎づけ』光文社古典新訳文庫、137 頁
　自殺しようとしている人間が、自己自身にたいする必然的な義務の観念にしたがって、自分の行為がはたして、「人間性は目的そのものである」という理念と一致するかどうか、自問すると考えてみよう。もしもこの人が、現実の困難な状態から逃れるためにみずから命を絶つとすれば、人格を、生涯にわたってどうにか耐えられるような状態を維持するためのたんなる一つの手段として使っている〔そして、これが維持できなくなると、人格を捨てようとしている〕ことになる。しかし人間はそのすべての行為において、みずからをつねに目的そのものとみなさねばならない。だからわたしは自分の人格のうちの〈人間〉を勝手に処理することはできず、この〈人間〉を傷つけたり、損なったり、殺したりすることはできない。

こうして、カントによれば自殺は道徳的ではないことになります。これに対し、人間は自分自身の身体と生命に関して権利を持っているのだから、自殺するのも本人の自由である、という議論もありえます。

ショウペンハウエルは以下のように述べています。

ショウペンハウエル（斎藤信治訳）1952［原書 1851］『自殺について　他四篇』岩波文庫、73 頁

　私の知っている限り、自殺を犯罪と考えているのは、一神教の即ちユダヤ系の宗教の信者達だけである。ところが旧約聖書にも新約聖書にも、自殺に関する何らの禁令も、否それを決定的に非認するような何らの言葉さえも見出されえないのであるから、いよいよもってこれは奇怪である。そこで神学者達は自殺の非認せらるべきゆえんを彼ら自身の哲学的論議の上に基礎づけねばならぬことになるわけであるが、その論議たるや甚だもって怪しげなものなのであるから、彼らは議論に迫力の欠けているところは自殺に対する憎悪の表現を強めることによって、即ち自殺を罵倒することによって補おうと努力しているのである。だからして我々は、自殺にまさる卑怯な行為はないとか、自殺は精神錯乱の状態においてのみ可能であるとか、いうような愚にもつかないことをきかされることになる。そうかと思うと、自殺は「不正」である、などという全くのナンセンスな文句まできかされる。一体誰にしても自分自身の身体と生命に関してほど争う余地のない権利（レヒト）をもっているものはこの世にほかに何もないということは明白ではないか。

カントが「自分の人格のうちの〈人間〉を勝手に処理することはできず、この〈人間〉を傷つけたり、損なったり、殺したりすることはできない」とするのに対し、ショウペンハウエルは「誰にしても自分自身の身体と生命に関してほど争う余地のない権利（レヒト）をもっている」、と強調します。皆さんは、カントとショウペンハウエル、どちらの議論に共感されるでしょうか。ぜひ友人ともディスカッションしてみてください。

　一方、道徳的・倫理的な議論とは区別して、法制度のあり方を議論することも重要です。自殺未遂に対して罰則を科すなど、自殺を禁止する法を作るべきでしょうか。自殺に関する古典的研究を著したデュルケームは、自殺に関する刑罰制度について、以下のように述べています。

デュルケーム（宮島喬訳）1985［原書 1897］『自殺論』中公文庫、473-474頁

　自殺は道徳に反するものであるから、さらに強く、さらにきびしく責められてしかるべきであろうし、しかもその非難は、外部的な明確な徴、すなわち刑罰によって表現されなければなるまい。この点について今日の刑罰制度が弛緩しているということじたいが、一つの異常現象である。にもかかわらず、すこしでも厳格な刑罰を科することは不可能なのだ。［……］自殺は、［……］道徳的に賞讃されているか容認されている行為に結びついているので、自殺がそれらの行為と同じ性格をもっているとしばしば信じられてきたことも、それにたいしてひとしい寛容が要求されてきたことも、いっこうに不思議はない。こうした疑念は、殺人や盗みにたいしてめったに起こらなかったが、それは、これらにおいては〔道徳的行為とのあいだに〕きっぱりと境界線が引かれているからにほかならない。その上、自殺者がみずからに死を課したという事実が、それだけで、ともかくもつよい憐憫の情をもよおさせるので、仮借のない非難をあびせることがむずかしくなってしまうのだ。

　こうしたすべての理由のため、いきおい、自殺には道徳的な罰しか命じることができないであろう。

　日本の刑法では、自殺教唆・自殺幇助・承諾殺人・嘱託殺人の4つが自殺関与罪となりますが、自殺そのものは処罰対象ではありません。もし仮に自殺が違法なのであれば自殺未遂を処罰対象とする余地がありますが、刑法は自殺未遂も処罰対象とはしていません。この理由については、自殺はそもそも違法ではないと考える立場と、自殺は本来的には違法だが、処罰できないと考える立場とに分かれています。

　自殺はあくまで個人の自由であるとする立場は、個人の自己決定を尊重して「死ぬ権利」を認め、尊厳死を合法化する動きに親和的です。熟慮のうえで尊厳を持った死を自律的に選ぶことは、その人にとって人格をまっとうするための「かけがえのない生き方」の問題（⇨第6章）になりうるとすれば、「尊厳死の自由」を認める必要が出てきます。

　これに対し、自己決定権はあくまで「人間の尊厳」や人格権といった価値に従属するものであり、人間の尊厳に反するような自殺の自己決定は保障されないし、人格権は人格の自由な発展を保障するものであるから死ぬ権利を含まない、とする立場がありえます。また、自殺を試みる人は大抵の場合、

自由な自己決定をすることができないほど追い詰められているのであって、**ほとんどの自殺意思は不自由**である、とも説かれます。実際、現実に生じている自殺や安楽死事例のうち、99.99％以上は、自由かつ自律的な選択によるものではなく、「強いられた死」と呼ぶべきものであろうと思われます。坂口恭平は、「死にたい人」からの電話を10年受け続けた経験を踏まえ、人が死にたくなるときの心理状態を詳しく描いています（坂口2020）。もしも正面から「自殺の自由がある」ということになると、重い病気になって介護を必要とする方々等が、自ら死を選ぶように周囲から無言のプレッシャーがかかる恐れもあります。

　尊厳死や安楽死は認められるべきか、ぜひ双方の立場からディスカッションしてみてください。

探究課題

1　尊厳死及び安楽死を認める場合、どのような条件が必要でしょうか。
⇨松井茂記 2021『尊厳死および安楽死を求める権利』日本評論社
2　「生まれてこないほうが良かった」という議論には、どう応答すべきでしょうか。
⇨デイヴィッド・ベネター（小島和男・田村宜義訳）2017『生まれてこないほうが良かった——存在してしまうことの害悪』すずさわ書店；『現代思想』2019年11月号「特集　反出生主義を考える」

引用文献

カント（中山元訳）2012『道徳形而上学の基礎づけ』光文社古典新訳文庫
サルトル（伊吹武彦訳）1966『サルトル全集　第13巻　実存主義とは何か——実存主義はヒューマニズムである』人文書院
ショウペンハウエル（斎藤信治訳）1952『自殺について　他四篇』岩波文庫
ジェレミー・ウォルドロン（谷澤正嗣・川岸令和訳）2015『ヘイト・スピーチという危害』みすず書房
坂口恭平 2020『苦しい時は電話して』講談社現代新書
デュルケーム（宮島喬訳）1985『自殺論』中公文庫

師岡康子 2013『ヘイト・スピーチとは何か』岩波新書

J. S. ミル（関口正司訳）2020『自由論』岩波文庫

ローザ・ルクセンブルク（清水幾太郎訳）1962「ロシア革命論」『ローザ・ル
　　センブルク選集　第４巻』現代思潮社

宗教は平和をもたらすか

第**10**章 ── 宗教と法

　本章は、宗教冒瀆表現と表現の自由の問題を素材としながら、宗教をめぐる現代的課題について検討します。政教分離といっても、その歴史的背景や意味内容は国によって非常に多様です。政治と宗教を分離するというのはどのような考え方なのか、政教分離は何のためにあるか、政治と宗教を分離すれば平和になるのか、考えてみましょう。さらに、西欧の発想と対比しつつ、東洋における「自由」についても考えます。

┃ディスカッション・クエスチョン┃

1　ムスリムに対する信仰の冒瀆も、表現の自由として保護すべきでしょうか。
2　政教分離を導入すれば、人々は自由になり、平和がもたらされるのでしょうか。
3　仏教語としての自由は、どのような意味でしょうか。

1　ムスリムスカーフ・風刺画事件──『クルアーン』

　まず、神の法と人の法の対立に関するフランスの事例を考えたいと思います。フランスでは、公の空間は中立であるべきなので、宗教的なシンボルを身につけることを禁じるべきである、とする考え方があります。

　ムスリム女性は、頭髪を覆い隠すためにスカーフを着用することがあります。その根拠として、クルアーンには以下の記述があります。

水谷周監訳 2019『クルアーン──やさしい和訳』国書刊行会、329 頁（24章 31 節）
　信仰する女たちの視線を低くし、貞節をまもるように言いなさい。外に表

れるもの以外は、かの女たちの美を目立たせてはいけません。そして覆い布
（フルム）をその胸の上に垂れて、かの女たちの美を目立たせてはいけません。
ただし、自分の夫、父親、夫の父親、自分の息子たち、夫の息子たち、自分
の兄弟、兄弟の息子たち、姉妹の息子たち、自分（と同じ信者）の女たち、
自分の右手が持つ者（奴隷）、性欲を持たない従者、または女性の体に意識
をもたない幼児を除いて。

　ここでは、女性の性的特徴を表している身体の部位を隠せ、という宗教規
範が説かれています。しかし、頭髪を含めて顔を隠すかどうか、具体的な規
範はクルアーンには書かれていません。そこで、頭髪を性的部位と認識する
ムスリム女性はスカーフによって隠し、認識しないムスリム女性は隠さない、
という解釈の違いが生まれます。頭髪を性的部位と認識する女性からすると、
「スカーフを取れ」というのは「スカートを脱げ」と言われることとほぼ同
義である、と指摘されています（内藤・坂口 2007：13頁）。

　また、フランスの週刊紙『シャルリー・エブド』は、イスラームの預言者
ムハンマドの風刺画を掲載することで知られています。イスラームにおいて
は、偶像崇拝の禁止という考え方から、ムハンマドの絵を描くこと自体が冒
瀆にあたります。それに加えて『シャルリー・エブド』はムハンマドを侮蔑
的に表現していますので、各地で抗議デモが起きるなど、激しい反発を招き
ました。2015年には、風刺画に激怒したイスラム過激派によってパリの同
社編集部が襲撃され、12名が殺害される凄惨な事件も発生しました。『シャ
ルリー・エブド』はそれでも風刺画の掲載をやめず、2020年9月にもムハ
ンマドの風刺画を再び掲載して議論を呼んでいます。フランスでは、2020
年9月時点で59%の市民がムハンマドの風刺画掲載を支持する、と答えた
と報じられています[40]。また、マクロン大統領は、「フランス人であること
は、風刺する自由を擁護することだ。冒瀆の自由も保障されている」と述べ
ました[41]。2020年10月には、風刺画を用いて授業を行っていた中学校の教
員が殺害される事件も発生しています。

[40]　Charlie Hebdo : 59% des Français soutiennent la publication des caricatures de Mahomet
　　https://www.lefigaro.fr/actualite-france/charlie-hebdo-59-des-francais-soutiennent-la-
　　publication-des-caricatures-de-mahomet-20200902（2022年1月28日アクセス）
[41]　「ムハンマドの風刺画　冒瀆さえ自由　フランスの礎」朝日新聞 2020年9月21日朝刊7面

これら二つの事例の背景には、フランスにおける**ライシテ原則**があります。フランスは表現の自由によって宗教と国家を切り離してきた歴史を有しており、公の領域から徹底的に宗教色をなくしていこうとする姿勢に特徴があります。

ここに描かれているのはフランス人権宣言ですが、この絵画は2枚の石板に書かれた十戒（⇨第1章）をモデルにしています。ここには、**フランス革命はキリスト教に取って代わる新しい啓示**である、という強い信念があらわれています。フランスは、共和制を確立する過程で、国家権力と結びついた

フランス人権宣言
（提供：New Picture Library/アフロ）

キリスト教会を打破し、教会と国家とを完全に分離することを目指しました。そのような歴史を背景に、教会や宗教規範によって人権が制約されてはならないという発想が強く、フランス憲法は宗教批判を手厚く保護しています。

ライシテ原則は、**政教分離**に基づく立憲主義の考え方ともつながっています。宗教改革後のヨーロッパでは熾烈な宗教戦争が起こりました。価値観の分裂による際限のない戦争を避けるべく、政教分離によってあらゆる価値観を平等に尊重することを説く考え方が生まれました。この考え方は、**公と私の分離**という発想と連なり、憲法学における基本的な考え方にもなっています。

長谷部恭男 2004『憲法と平和を問いなおす』ちくま新書、55-59頁

人生の意義にかかわる二つの根底的な価値観、たとえば二つの異なる宗教は、両方を比べる物差しが欠けているという意味で、比較不能である。それぞれの宗教は、それを信奉することではじめてその信者の人生に意義を与えることができる。その人自身にとっては、自らの宗教が最善の宗教であろう。しかし、他の宗教を信奉する人にとっては、その宗教こそが最善の宗教であ

る。二つの宗教の価値を比べる物差しはない。[……]

　比較する客観的な物差しのないところで、複数の究極的な価値観が優劣を
かけて争えば、ことは自然と血みどろの争いに陥りがちである。それぞれの
人生の意義、宇宙の意味がかかっている以上、たやすく相手に譲歩するわけ
にはいかない。しかも、人の能力はさほど異なるものではなく、一方の陣営
が必ずしも圧倒的な優位に立ちうるわけではない。宗教の対立が戦争を生み
出しがちなのは、自然なことである。[……]

　人々の抱く価値観が根底的なレベルで対立しており、しかも、各人が自分
の奉ずる価値観を心底大切だと考えているような状況で、人々が平和に社会
生活を送ることのできるような枠組みを作ろうとすれば、まず、人々の抱く
価値観の対立が社会生活の枠組みを設定する政治の舞台に入り込まないよう
にする必要がある。公と私の区分、より狭くいえば、政治と宗教との区分が、
こうして要請される。

　「比較不能」という表現は、科学革命における "incommensurable" とい
う概念に対応するものです（⇨第 13 章）。長谷部は、二つの宗教の価値を比
べる物差しなく、比較する客観的な物差しのないところで複数の究極的な
価値観が優劣をかけて争えば自然と血みどろの争いに陥りがちである、と説
きます。

　『寛容論』でよく知られるヴォルテールも、キリスト教と寛容について次
のように述べています。

ヴォルテール（中川信・高橋安光訳）2005［原書 1734］『哲学書簡　哲学辞
典』中公クラシックス、457 頁

　おそらくキリスト教こそあらゆる宗教の中で最も寛容を鼓吹すべきであろ
うに、今日までのキリスト教徒はあらゆる人間のうちで最も不寛容であった。

　実際、ヨーロッパで起こった宗教戦争は極めて凄惨なものでした。このよ
うな戦争を避けるためにも、公私を区分し、政教分離によって平和を確保し
よう、という考え方が説得力を持ちます。このように、政教分離を中核とす
る立憲主義によって私的領域における個人の「自由」が守られる、とするの
は現在の憲法学で多数の支持を受けている重要な考え方です。

2　宗教戦争と政教分離──アサド、矢内原忠雄

　それでは、政教分離を導入しさえすれば、寛容の精神が広がり、暴力や戦争がなくなって平和になるのでしょうか。問題はそれほど単純ではないようです。近年では、リベラリズムの暴力性や公／私の二分法を根底から批判する見解も有力に説かれています。

　アサドは、政教分離と密接に結びついた「世俗主義 / the Secular」を鋭く批判しています。

> タラル・アサド（中村圭志訳）2006［原書 2003］『世俗の形成──キリスト教、イスラム、近代』みすず書房、260-261 頁
>
> 　世俗主義の立場からすれば、宗教には、自らを私的な信仰と祈りに限定するか、生活に対して何ら要求することのない、公共的な話し合いに従事するか、という選択肢がある。いずれの場合も、そうした宗教は、宗教が本来もっているはずの形態をとったものであると、世俗主義は考えている。両者は、ともに等しく、宗教の正当性（レジティマシー）の条件をなしている。だが、世俗的国家自身の野心を考えるならば、生の改革をなそうと願う者たちにとって、この要件を満たすことは、困難なものとなる。近代国民国家は、個人の生のあらゆる側面を──誕生と死のような、もっとも私的な事柄までをも──規制しようとしている。そのため、宗教の信者であろうとなかろうと、誰一人としてその野心的権力との出会いを避けることができない。国家が改革を目的として社会集団にじかに干渉するというだけではない。あらゆる社会活動が、法の、それゆえ国民国家の、許可を必要としている。

　アサドは、「政教分離に基づき個々人の私的領域においてあらゆる宗教・価値観を平等に尊重する」ことを標榜してきた近代立憲主義は、その意図とは反対に、じつは人々の素朴な宗教心を抑圧する側面を有しており、国民国家の「法」が世俗主義の道具として暴力的に用いられているのではないか、と示唆しています。

　さらに、「宗教」概念自体が西洋のキリスト教を念頭において定義されており、そこに当てはまらないものを排除していないか、それゆえ、「政教分離」という発想そのものが極めてキリスト教中心主義的な偏りを含むのでは

ないか、とも指摘されます（磯前 2012：52 頁）。宗教を私的空間に閉じ込めることを当然視せず、公共空間における宗教の役割を見直すことも主張されています（参照、島薗・磯前 2014）。

　ここで、法の趣旨（⇨第 1 章）を考えてみたいと思います。政教分離は、何のためにあるのでしょうか。前節で触れたように、政教分離は宗教を公の領域から排除して宗教戦争を防ぐためにある、というのが一つの説明です。これに対し、**政教分離は宗教を尊重するためにある**、という考え方も説かれています。

矢内原忠雄 1964「近代日本における宗教と民主主義」『矢内原忠雄全集　第 18 巻　時論 I』岩波書店、357-358 頁

　国家と宗教の分離は近世民主主義国家の一大原則であつて、これは数世紀に互る政治的及び学問的闘争の結果かち得たる寛容の精神の結晶である。この原則は次の二つの主要点を含むものである。

（一）　国家はいかなる宗教に対しても特別の財政的もしくは制度的援助を与へず、または特別の制限を加へない。すなはち国家はすべての宗教に対して同一にして中立的なる態度を取るべきである。

（二）　国家は国民各自がいかなる宗教を信ずるかについて何らの干渉を加ふべきでない。信教は各個人の自由に放任すべきであり、宗教を信ずるや否や、信ずるとすれば如何なる宗教を選ぶかは、国民各自の私事である。

　かくして国家の特定宗教への結びつきは原則的に否定せられ、国民の信教の自由は原則的に確立せられ、国家は世俗化せられたのであるが、併しながらこれによつて国家と宗教の問題が全く消滅したのではない。何となればすべての国家はその存立の精神的もしくは観念的基礎を有ち、特定の思想の宣伝ならびに教育を重要国策の一つとして数へる。多くの基督教国が今なほ国立教会の制度をもつて居る。ソ連にとりてのマルクス主義、或ひは米国にとりてのデモクラシーは、いづれも国家公認の宗教教義に近いものではなからうか。国家は決して国民の思想に対して無関心な中立的態度をもつことは出来ず、またもつべきではない。宗教も人類の観念形態（イデオロギー）の一つである限り、国家は信教自由の原則を認むると同時に、国家自身が宗教に対して無関心無感覚であつてはならない。信教自由の原則は国家の宗教に対する冷淡の標識ではなく、却つて宗教尊重の結果でなければならない。

　矢内原は、国家自身が宗教に対して無関心無感覚であってはならず、政教分離は宗教尊重の結果でなければならない、と強調しています。この文章は、日本における政教分離に関する重要判決である津地鎮祭事件最高裁判決の藤林追加反対意見において引用されており、最高裁判所の判例集にも掲載されています（その経緯につき詳しくは、石川 2016：157 頁）。ぜひ津地鎮祭事件最高裁判決の多数意見と反対意見、さらに追加反対意見を比べ読みしたり、教科書や論文を調べたりして、各国におけるさまざまな考え方を比較検討してみてください（日本における政教分離の本質に迫るものとして、小原 2010）。

　政教分離は、宗教尊重につながるものでしょうか。ヌスバウムはアメリカの状況について、「多くの人が、引き続き政教分離を擁護する者は宗教を軽蔑していると考える」（ヌスバウム 2011：15 頁）と指摘しています。政教分離原則は宗教的マイノリティに対する冒瀆を正当化するものなのか、という点とあわせて、ディスカッションしてみてください。

3　東洋における自由──鈴木大拙、親鸞

　鈴木大拙は、「自由・空・只今」という文章において、自由は「元来は仏教の言葉」と説明しています。

鈴木大拙（上田閑照編）1997『新編　東洋的な見方』岩波文庫、64-65 頁、67 頁

　元来自由という文字は東洋思想の特産物で西洋的考え方にはないのである。あっても、それはむしろ偶然性をもっているといってよい。それを西洋思想の潮のごとく輸入せられたとき、フリーダム（freedom）やリバティ（liberty）に対する訳語が見つからないので、そのころの学者たちは、いろいろと古典をさがした末、仏教の語である自由を持って来て、それにあてはめた。それが源となって、今では自由をフリーダムやリバティに該当するものときめてしまった。

　西洋のリバティやフリーダムには、自由の義はなくて、消極性をもった束縛または牽制から解放せられるの義だけである。それは否定性をもっていて、東洋的の自由の義と大いに相違する。

　自由はその字のごとく、「自」が主になっている。抑圧も牽制もなにもない、「自ら」または「自ら」出てくるので、他から手の出しようのないとの

義である。自由には元来政治的意義は少しもない。天地自然の原理そのもの
が、他から何らの指図もなく、制裁もなく、自ら出るままの働き、これを自
由というのである。

つまり神が当初に「光あれ」といったというが、このはたらきは、神その
ものの本来の自性から出たもので、いわゆる已に已まれぬやまとごころなど
というときの消息である。これを自由というのだ。元来は仏教の言葉で、仏
典とくに禅録には至るところに見える。「自由の分あり」とか「自由の人あ
り」などというのは、禅者の口にするところである。ものがその本来の性分
から湧き出るのを自由という。［……］

自由の本質とは何か。これをきわめて卑近な例でいえば、松は竹にならず、
竹は松にならずに、各自にその位に住すること、これを松や竹の自由という
のである。［……］

仏教語としての自由は、西洋のリバティやフリーダムとどのように異なっ
ているのでしょうか（翻訳の問題について、⇨第8章）。ここでは、西洋のリバ
ティやフリーダムと、仏教語としての自由が前提としている人間観を比較し
てみたいと思います。

日本において非常によく読まれている仏教の書物として、親鸞の教えを記
した『歎異抄』を読んでみたいと思います。

金子大栄校注　1981［原書 1300 年頃］『歎異抄』岩波文庫、45-46 頁
　善人なをもて往生をとぐ、いはんや悪人をや。しかるを世のひとつねに
いはく、悪人なを往生す、いかにいはんや善人をやと。この条、一旦そのいは
れあるににたれども、本願他力の意趣にそむけり。そのゆへは、自力作善の
ひとは、ひとへに他力をたのむこゝろかけたるあひだ、弥陀の本願にあらず。
しかれども、自力のこゝろをひるがへして、他力をたのみたてまつれば、真
実報土の往生をとぐるなり。煩悩具足のわれらは、いづれの行にても生死を
はなるゝことあるべからざるをあはれみたまひて、願をおこしたまふ本意、
悪人成仏のためなれば、他力をたのみたてまつる悪人、もとも往生の正因な
り。よて善人だにこそ往生すれ、まして悪人はと、おほせさふらひき。

ここでは、どのような修行をしても決して**煩悩**から逃れることはできない、

弱い人間観が描かれています。阿弥陀仏は、そのような人間をあわれに思い、自分の力で自分自身を救うことのできない悪人を救いとって仏にするため本願を起こした、といいます。「本願」とは衆生（生命のあるすべてのもの）を救済するために誓った誓願のことで、何としてでも衆生を救いたいと願う仏・菩薩の慈しみの心です（詳しくは、長谷 2015）。親鸞は、この本願の働きにすべてお任せする悪人こそ、まさに浄土に往生させていただくことができる、と説きます。こうして、「善人でさえも往生するのだから、まして悪人は言うまでもない」という教えが導かれます。**他力本願**は、浄土真宗の基本的な考え方です。

　このような人間観は、「**自由**であり、かつ**責任**の主体という人間観」（⇨第1章）とはどのような関係に立つのでしょうか。一見するとかなり異なっているようにも思われますし、根本においては深く通底する[42]、という見方もできます。

　ルイ・デュモンは、西欧と比較しながらインド文明における自由について論じます[43]。

> ルイ・デュモン（竹内信夫・小倉泰訳）1997 ［原書 1975］『インド文明とわれわれ』みすず書房、25-26 頁、40 頁
> 　「個人という観念」という言葉によってわたしが意味しているのは、西欧において、われわれの基本的諸価値は、何よりも、普遍的なものとして考えられている個別の人間に結びつけられるようになっている、ということだ。「人間としての尊厳」とか人間の「不変の権利」という言葉がしばしば口にされるが、それは個別の人間が制度の（主要な）主体であり、さらに言えば普遍的と考えられるが故に人間的価値の原器でさえあるという事実を表現している。［……］しかしわれわれの社会でのように、個別の人間が理性的存在でしかも価値の保持者ということがどこの社会でもそうだということはありえない。［……］
> 　インド的個人と、キリスト教、あるいはキリスト教の祖先〔ユダヤ教〕における個人とのあいだには決定的な違いがある。キリスト教的個人は、不死をもとめ、死後も生きながらえることを願うが、インドの個人は生命から解

---

42)　浄土真宗とキリスト教は、非常に似通っている点も指摘されています。参照、バルト 1996：261 頁以下；八木 2000。

43)　引用文においてフランスの社会比較学者であるデュモンが「われわれ」というとき、西欧の社会が念頭に置かれています。

放されようとつとめている。［……］ブッダという模範は、社会的死と物理的死のあいだの短い時間に、問題が何であるかを認識した上で選択し決断する人間には自由のための場所が存在することを教えている。

　ここでは、西欧的発想とは大きく異なる文脈で「自由」が語られています。デュモンはさらに、語源的にも歴史的にも分割できないもの（indivisible）を意味する西欧の「個人」（individu）と対比して、すべては潜在的に常に一であり多であるような「一つの総体性、つまり内的な対立によって秩序立てられ、多くの場合階層化された多様性」（同書 37 頁）というインドの宗教的世界観を説明しています。

　仏教的人間観に、個人や自由が存在しないわけではありません。竹内信夫は、空海を日本で初めてデュモンのいう仏教的〈個人〉の〈自由〉を自覚して生きた人間として積極的に位置づけつつ、次のように述べています。

竹内信夫 2016『空海入門──弘仁のモダニスト』ちくま学芸文庫、185-186 頁

　私たちが用いる意味での「自由」という言葉は、明治以後に西欧語の翻訳として使用され始めたものですが、日本にも西欧的なそれとは違った〈自由〉の系譜が存在していた、と私は考えています。それは、多くのすぐれた仏教者の系譜のなかに、また仏教のなかに自らの生きる指針を見出してきた人々のなかに、脈々と受け継がれて現在に至っています。インドにおいても、ヨーロッパにおいても、そして日本においても、社会的存在としての人間は〈個人〉でもなく、〈自由〉でもありません。〈個人〉も〈自由〉も、人間という存在のなかに見出されるべき理念であり、時には宿命であるかも知れません。文化が異なるに応じて、〈個人〉と〈自由〉の概念は異なります。日本人はそれらの概念を、仏教を通じて学んだのです。空海は、仏教的〈個人〉の〈自由〉を自覚した、日本では最初のケースではなかったでしょうか。世間の常識や両親・親族の意向に逆らってまでも、自らの道を求めてやまない「仮名乞児」という人物像のなかに、それは、空海自身によって、みごとに描き出されています。

　空海は、「仏教が教える〈個人〉という存在次元の、そしてそれが開示されるべき〈自由〉という生き方の、発見者」（同書 187 頁）と位置づけられて

います。

　皆さんはどのような「自由」を目指すべきか、ぜひさまざまな考え方を比較検討しながらディスカッションしてみてください。

探究課題

1　世俗主義を採用すれば、宗教的に中立といえるのでしょうか。世俗化を推し進めれば、寛容になれるのでしょうか。
⇨チャールズ・テイラー（千葉眞監訳）2020『世俗の時代（上）（下）』名古屋大学出版会；森本あんり　2020『不寛容論——アメリカが生んだ「共存」の哲学』新潮選書
2　イスラームにおける「法」（シャリーア）や、仏教における「法」（ダルマ）は、何を意味するのでしょうか。
⇨アブドル＝ワッハーブ・ハッラーフ（中村廣治郎訳）1984『イスラムの法——法源と理論』東京大学出版会；中村元訳　1984『ブッダのことば——スッタニパータ』岩波文庫；ワールポラ・ラーフラ（今枝由郎訳）2016『ブッダが説いたこと』岩波文庫

引用文献

タラル・アサド（中村圭志訳）2006『世俗の形成——キリスト教、イスラム、近代』みすず書房

石川健治　2016「精神的観念的基礎のない国家・公共は可能か？——津地鎮祭事件判決」駒村圭吾編著『テクストとしての判決——「近代」と「憲法」を読み解く』有斐閣

磯前順一　2012『宗教概念あるいは宗教学の死』東京大学出版会

ヴォルテール（中川信・高橋安光訳）2005『哲学書簡　哲学辞典』中公クラシックス

金子大栄校注　1981『歎異抄』岩波文庫

小原克博　2010『宗教のポリティクス——日本社会と一神教世界の邂逅』晃洋書房

島薗進・磯前順一編　2014『宗教と公共空間——見直される宗教の役割』東京大学出版会

鈴木大拙（上田閑照編）1997『新編　東洋的な見方』岩波文庫

竹内信夫 2014『空海の思想』ちくま新書

竹内信夫 2016『空海入門——弘仁のモダニスト』ちくま学芸文庫

ルイ・デュモン（竹内信夫・小倉泰訳）1997『インド文明とわれわれ』みすず書房

南原繁 2014『国家と宗教——ヨーロッパ精神史の研究』岩波文庫

内藤正典・坂口正二郎編著 2007『神の法 vs. 人の法——スカーフ論争からみる西欧とイスラームの断層』日本評論社

マーサ・ヌスバウム（河野哲也監訳）2011『良心の自由——アメリカの宗教的平等の伝統』慶應義塾大学出版会

長谷正當 2015『本願とは何か——親鸞の捉えた仏教』法藏館

長谷部恭男 2004『憲法と平和を問いなおす』ちくま新書

カール・バルト（吉永正義訳）1996『教会教義学　神の言葉 II/2——神の啓示（下）聖霊の注ぎ〔第 2 版〕』新教出版社

水谷周監訳 2019『クルアーン——やさしい和訳』国書刊行会

八木誠一 2000『パウロ・親鸞＊イエス・禅〔増補新版〕』法藏館

矢内原忠雄 1964「近代日本における宗教と民主主義」『矢内原忠雄全集　第 18巻　時論 I』岩波書店

人類学と法

「参照基準」は、人類学について次のように説明しています。

　人類学は、言語・象徴能力を有する生物的かつ社会的存在としての人間を対象とする学問である。人間の多様性と共通性を考察の対象とし、全体的な把握と比較の観点を根拠としつつ、批判的で内省的な研究を目指している。

　文化人類学は人間の社会的存在としての特性を多様な文化の観点から研究する。**「参与観察」の手法を用いるフィールドワーク**によって、ひとつの社会の人びとの生活を総合的に把握する質的アプローチによる**民族誌的研究**と、それらを世界規模で比較し、共通点と差異を見いだす**文化間比較**を研究の両輪としている。(「参照基準　文化人類学分野」2014：iv 頁)

法は、人類学の重要な研究対象となっており、法人類学という分野が研究されています。

ポール・ボハナン（中村孚美訳）1974「法と犯罪の人類学的研究」千葉正士編『法人類学入門』弘文堂、52-53 頁
　法人類学は、人々がどのような種類の規則をもち、これらの規則をどのように文化体系のなかに組み込んでいるか、そして、これらの規則を維持ないし変化させるためにどのような社会的行為が行なわれているかを追求する。法人類学はまた、こうした問題を越えてさらに、規則や法が最も基本的な価値——それはあまりにも基本的なのでそれを信奉している人々は口に出していうことができないことが多いのであるが——をいかに反映しているかを、問わなければならない。法の背後にあるこれらの基本的な「前提原理」は、公理と比較しうる。ユークリッド幾何学において、たとえば、所与の直線と平行な二本の直線は同一の点を通ることができないということは、公理である。このようなことが、もしあ

> えて定義を下そうとするならば、平行を定義する科学的方法である。これとまさに同じように、エスキモー文化においては、「霊的存在およびすべての動物は霊魂をもつことによって、人間と同じような情緒的な反応能力を有する」（Hoebel 1954: p. 69)[44]ということが、前提原理である。これが、道徳的教訓を規定する場合のエスキモー特有のやり方である。もしこのような「精霊」の定義があたっているならば、論理的な理由づけを重ねていくことによって、ある結論がえられる。精霊のこうした定義は、エスキモー法全体におけるいわば公理である。人類学者の任務は、紛争の事例を研究することによって、ある社会が当然のことと考えている公理を発見することである。

　文化人類学は、時代や地域を超えた普遍的な文化という考え方を鋭く批判します。法学においても、無自覚に欧米の法制度が優れていると前提せず、「ある社会が当然のことと考えている公理」を相対化して分析する視点がとても重要です。

　アラン・シュピオは、法の人類学的機能を分析し、「法とは西洋の〈宗教〉である」という興味深い主張を行っています（シュピオ 2018)。「法の支配」という考え方を推し進めることは、西洋の〈宗教〉を広めることなのでしょうか。それとも、「法の支配」は時代や地域を超えた普遍的なものなのでしょうか。人類学の観点を踏まえ、ぜひディスカッションしてみてください。

引用文献

千葉正士編 1974『法人類学入門』弘文堂

アラン・シュピオ（橋本一径・嵩さやか訳）2018『法的人間 ホモ・ジュリディクス——法の人類学的機能』勁草書房

---

44)　筆者注：ここで引用されているのは Hoebel, E. Adamson, *The Law of Primitive Man: A Study in Comparative Legal Dynamics* です。同書は、2006 年に Harvard University Press からペーパーバックが出ています。

自由市場は法規制すべきか
経済と法

「参照基準」は、経済学を次のように定義しています。

> 経済学は、社会における経済活動の在り方を研究する学問であり、人々の幸福の達成に必要な物資（モノ）や労働（サービス）の利用及びその権利の配分における個人や社会の活動を分析するとともに、幸福の意味やそれを実現するための制度的仕組みを検討し、望ましい政策的対応の在り方を考える学問領域である。（「参照基準　経済学分野」2014：2頁）

本章は、経済学における考え方の特徴を紹介した後、自由市場と法規制、そして、貨幣と法に関する問題を考察します。

■ディスカッション・クエスチョン■

1　「経済学者は暖かい心と冷めた頭脳を必要とする」という言葉は、どういう意味でしょうか。
2　自由市場を基礎とする資本主義に対し、法はどのような規制をすべきでしょうか。
3　貨幣や法は、自己循環論法によって説明できるでしょうか。

1　経済学の人間観——アダム・スミス

　冒頭に掲げた「参照基準」の定義には、「幸福」という言葉が複数回出てくる点が特徴的です。経済学者の宇沢弘文は、「経済学は科学のなかでもっとも芸術的なもの（the most artistic of the science）であり、同時に、芸術のなかでもっとも科学的なもの（the most scientific of the arts）である」（宇沢 1989：6-7頁）という言葉を紹介しつつ、経済学が深い洞察力と厳しい論理力を必

要とする**科学的側面**と、貧困に苦しむ人々に対する人間的な関わりという**実践的側面**の両方を持っていることを強調しています。

宇沢弘文　1989『経済学の考え方』岩波新書、8頁

　経済学はこのように、経済現象を理解するという科学的、知的な努力であると同時に、すべての人々が同じようにゆたかな生活を営むことができるような状態をいかにしてつくり出すかという実践的な要請をもっている。経済学者は、暖かい心と冷めた頭脳を必要とする所以である。この、経済学のもつ二面性が、経済学の内容をいっそう魅力的なものとし、同時に複雑なものとしている。そして、数多くの、ときとしては矛盾するような学説を生み出してきたのである。

　何が人間の幸福なのかを扱う経済学は、人間の本質に迫る独特の魅力を有しています。経済学は、どのような人間観を基礎にしているでしょうか。自由市場の原理に基づく近代経済学の基礎は、アダム・スミスによって築かれた、とされています。

アダム・スミス（大河内一男監訳）2020［原書 1789］『国富論I』中公文庫、53頁

　人間は、仲間の助けをほとんどいつも必要としている。だが、その助けを仲間の博愛心にのみ期待してみても無駄である。むしろそれよりも、もしかれが、自分に有利となるように仲間の自愛心を刺激することができ、そしてかれが仲間に求めていることを仲間がかれのためにすることが、仲間自身の利益にもなるのだということを、仲間に示すことができるなら、そのほうがずっと目的を達しやすい。他人にある種の取引を申し出るものはだれでも、右のように提案するのである。私の欲しいものを下さい、そうすればあなたの望むこれをあげましょう、というのが、すべてのこういう申し出の意味なのであり、こういうふうにしてわれわれは、自分たちの必要としている他人の行為の大部分をたがいに受け取りあうのである。われわれが自分たちの食事をとるのは、肉屋や酒屋やパン屋の博愛心によるのではなくて、かれら自身の利害にたいするかれらの関心による。われわれが呼びかけるのは、かれらの博愛的な感情にたいしてではなく、かれらの自愛心にたいしてであり、われわれがかれらに語るのは、われわれ自身の必要についてではなく、かれらの利益についてである。

　人々が自己の利益を最大化する自由市場に任せると、余剰や不足はおのずと解消され、どの財の価格も、その財の需要量と供給量が釣り合うように調整される、とされます（**需要と供給の均衡**）。このことを指して、「見えざる手」という表現をすることがあります。

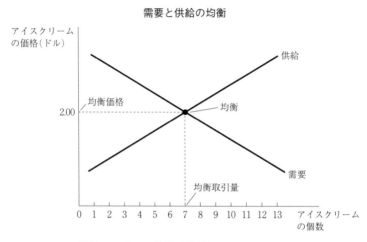

需要と供給の均衡

出典）マンキュー 2019：118 頁

　この自由市場のメカニズムに対して、法制度は規制すべきでしょうか。なるべく法規制を行わずに自由市場に任せるべきだという考え方と、積極的な法規制によって富の再分配などを行うべきだ、という考え方が対立しています。

　『国富論』は、ただひたすら自己利益を追求する人間の姿を強調しているようにも読めます。しかし、社会秩序を導く人間本性は何かを探究するスミスの別の著作、『道徳感情論』においては、大きく異なる人間観が示されています。

アダム・スミス（高哲男訳）2013 ［原書 1790］『道徳感情論──人間がまず隣人の、次に自分自身の行為や特徴を、自然に判断する際の原動力を分析するための論考』講談社学術文庫、30 頁
　いかに利己的であるように見えようと、人間本性のなかには、他人の運命

> に関心をもち、他人の幸福をかけがえのないものにするいくつかの推進力（プリンシプル）が含まれている。人間がそれから受け取るものは、それを眺めることによって得られる喜びの他に何もない。哀れみや同情がこの種のもので、他人の苦悩を目の当たりにし、事態をくっきりと認識したときに感じる情動（エモーション）に他ならない。我々がしばしば他人の悲哀から悲しみを引き出すという事実は、例証するまでもなく明らかである。この感情（センチメント）は、人間本性がもつ他のすべての根源的な激情（パッション）と同様に、高潔で慈悲深い人間がおそらくもっとも敏感に感じるものではあろうが、しかし、そのような人間に限られるわけではない。手の施しようがない悪党や、社会の法のもっとも冷酷かつ常習的な侵犯者でさえ、それをまったくもたないわけではないのである。

　秩序だった社会では、人々は法を作ります。人間のどのような本来的な性質が、人間に法を作らせ、それを守らせるのでしょうか。これが『道徳感情論』の主たるテーマでした（参照、堂目 2008：25-26 頁）。副題の「人間がまず隣人の、次に自分自身の行為や特徴を、自然に判断する際の原動力」という言葉に見られるように、アダム・スミスは「人間がまず隣人の、次に自分自身の行為や特徴を、自然に判断する」とし、共感（sympathy）の重要性を強調しています。アダム・スミスは、決して自己愛や自己利益だけを追求する人間観を持っていなかったことが分かります。

2　資本主義の本質とは何か──岩井克人

　さて、自由市場を基本原理とする資本主義の本質について、岩井克人は次のように述べています。

> 岩井克人 1992『ヴェニスの商人の資本論』ちくま学芸文庫、67 頁
> 　資本主義──それは、資本の無限の増殖をその目的とし、利潤のたえざる獲得を追求していく経済機構の別名である。利潤は差異から生まれる。利潤とは、ふたつの価値体系のあいだにある差異を資本が媒介することによって生み出されるものである。それは、すでに見たように、商業資本主義、産業資本主義、ポスト産業資本主義と、具体的なメカニズムには差異があっても、差異を媒介するというその基本原理に関しては何の差異も存在しない。

しかし、利潤が差異から生まれるのならば、差異は利潤によって死んでいく。すなわち、利潤の存在は、遠隔地交易の規模を拡大し、商業資本主義の利潤の源泉である地域間の価格の差異を縮めてしまう。それは、産業資本の蓄積をうながして、その利潤の源泉である労働力と労働の生産物との価格の差異を縮めてしまう。それは、新技術の模倣をまねいて、革新的企業の利潤の源泉である現在の価格と未来の価格との差異を縮めてしまう。差異を媒介するとは、すなわち差異そのものを解消することなのである。資本主義とは、それゆえ、常に新たな差異、新たな利潤の源泉としての差異を探し求めていかなければならない。それは、いわば永久運動的に運動せざるをえない。言葉の真の意味での「動態的」な経済機構にほかならない。

　資本の無限の増殖をその目的とし、利潤のたえざる獲得を追求していく経済機構は、新たな利潤の源泉としての「差異」を探し求めて永久運動を続けます。それでは、資本主義に対して法制度は何をすべきなのでしょうか。
　ここでは、自由市場と関連の深い法制度のうち、競争法と環境法の二つを例にとって考えてみましょう。
　まず、競争法とは、市場における自由競争を歪曲する行為に対処するための法です。

デビッド・ガーバー（白石忠志訳）2021［原書 2020］『競争法ガイド』東京大学出版会、17頁、24頁
　経済活動を政治的に支配するのでなく市場原理に頼って制御しようとする社会であるなら、どのような社会であっても、次のような基本的な問題に直面している。すなわち、個々の事業者が自由に競争すれば、市場はさらに効率的になり、社会に与える実質的な利益は増すのであるが、個々の事業者に自由を保障すると、事業者はその自由を、競争を制限したり社会的利益を損ねたりすることに使うこともできる、という問題である。競争法は、そのような制限行為と闘おうとするものである。［……］

　例えば、複数の野菜供給者が価格を引き上げようとする合意をしたとする。少なくとも短期的には、彼らは高い価格によって利益を得る。しかし、需要者は害される。そうすると社会は、同じ量の野菜が取引されるようにするためには、従来以上のコストを払うことになる。しかも、需要者は、野菜を買

う量を減らし、野菜を買いたいという思いを満足させることができないこと
になる。そのようなことがあると市場がもたらす経済的利益を損ねることに
なるので、競争法は、このような有害な歪曲行為と闘うのである。

「複数の野菜供給者が価格を引き上げようとする合意」は、「カルテル」と
呼ばれます。カルテルは、商品の価格を不当につり上げることで消費者に不
利益を与えると同時に、非効率な企業経営体制を温存し、経済全体を停滞さ
せてしまいます。競争法は、自由市場のメカニズムを阻害するこのような
「有害な歪曲行為」を取り締まることで、自由市場における公正な競争を守
ります。

自由市場が守られることで資本主義が永久運動を続け、いつまでも利潤を
生み続けることで人間は豊かになり、人々は幸福になる、という見方も可能
です。しかし、資本主義が際限なく自然と人間から収奪を行うことで、さま
ざまな問題も生じます。斎藤幸平は、次のように述べています。

斎藤幸平　2020『人新世の「資本論」』集英社新書、117-118 頁

資本主義とは、価値増殖と資本蓄積のために、さらなる市場を絶えず開拓
していくシステムである。そして、その過程では、環境への負荷を外部へ転
嫁しながら、自然と人間からの収奪を行ってきた。この過程は、マルクスが
言うように、「際限のない」運動である。利潤を増やすための経済成長をけ
っして止めることがないのが、資本主義の本質なのだ。

その際、資本は手段を選ばない。気候変動などの環境危機が深刻化するこ
とさえも、資本主義にとっては利潤獲得のチャンスになる。山火事が増えれ
ば、火災保険が売れる。バッタが増えれば、農薬が売れる。［……］

このように危機が悪化して苦しむ人が増えても、資本主義は、最後の最後
まで、あらゆる状況に適応する強靱性を発揮しながら、利潤獲得の機会を見
出していくだろう。環境危機を前にしても、資本主義は自ら止まりはしない
のだ。

だから、このままいけば、資本主義が地球の表面を徹底的に変えてしまい、
人類が生きられない環境になってしまう。それが、「人新世」という時代の
終着点である。

それゆえ、無限の経済成長を目指す資本主義に、今、ここで本気で対峙し
なくてはならない。私たちの手で資本主義を止めなければ、人類の歴史が終

わる。

　人新世（Anthropocene、ひとしんせい）は完新世の後に位置する新たな地質年代とされ、「人類の時代」という意味です。斎藤幸平は、資本主義が地球に取り返しのつかない影響を与えており、このままでは人新世は「人類が地球を破壊し尽くす時代」になる、と強い危機感を示しています。環境破壊に対処するための法制度は、環境法と呼ばれます。

　環境法の分野では、ハーディンが説いた「**共有地の悲劇**」がよく紹介されます。牧草地で牛を飼うとき、自らの所有地であれば牛が牧草を食べ尽くさないように数を調節します。しかし、共有地（コモンズ）である牧草地で複数の農民が放牧する場合、他の農民が牛を増やすと考えることから行動が抑制的にならず、その結果、牧草地が牛で過密状態になってしまいます。農民が自由に牧草地を利用する限り、牧草地は荒廃してすべての農民が被害を受ける、というのです（Hardin 1968）。

　水や大気などの環境資源にも、同様のメカニズムが当てはまるため、法制度によって適切な管理を行う必要性があります。環境のような共有財について持続可能性を維持するためには、どのような法規制を行うべきでしょうか。ぜひ環境法について学んでみていただけたら幸いです（入門書として、交告ほか 2020）。

3　貨幣と法──マルクス、モンテーニュ、デリダ

　次に、貨幣とは何かについて考えてみましょう。マルクスは、『資本論』の第三章「貨幣または商品流通」第一節「価値の尺度」において、次のように論じます。

大内兵衛・細川嘉六監訳 1965［原書 1867］「資本論　第 1 巻第 1」『マルクス＝エンゲルス全集　第 23 巻第 1 分冊』大月書店、125 頁、126-127 頁〔ディーツ版 109 頁、110 頁に対応〕
　諸商品は、貨幣によって通約可能になるのではない。逆である。すべての商品が価値としては対象化された人間労働であり、したがって、それら自体として通約可能だからこそ、すべての商品は、自分たちの価値を同じ独自な

一商品で共同に計ることができるのであり、また、そうすることによって、この独自な一商品を自分たちの共通な価値尺度すなわち貨幣に転化させることができるのである。価値尺度としての貨幣は、諸商品の内在的な価値尺度の、すなわち労働時間の、必然的な現象形態である。[……]

　商品の価格または貨幣形態は、商品の価値形態一般と同様に、商品の、手につかめる実在的な物体形態からは区別された、したがって単に観念的な、または心に描かれた形態である。鉄やリンネルや小麦などの価値は、目に見えないとはいえ、これらの物そのもののうちに存在する。この価値は、これらの物の金との同等性によって、いわばただこれらの物の頭のなかにあるだけの金との関係によって、心に描かれる。それだから、商品の番人は、これらの物の価格を外界に伝えるためには、自分の舌をこれらの物の頭のなかに突っ込むか、またはこれらの物に紙札をぶらさげるかしなければならないのである。

そして、**貨幣のフェティシズム**と呼ばれる現象が起こります。

大内兵衛・細川嘉六監訳 1965［原書 1867］「資本論　第 1 巻第 1」『マルクス＝エンゲルス全集　第 23 巻第 1 分冊』大月書店、136 頁〔ディーツ版 117 頁に対応〕

　価格形態は、［……］一つの質的な矛盾、すなわち、貨幣はただ商品の価値形態でしかないにもかかわらず、価格がおよそ価値表現ではなくなるという矛盾を宿すことができる。それ自体としては商品ではないもの、たとえば良心や名誉などは、その所持者が貨幣とひきかえに売ることのできるものであり、こうしてその価格をつうじて商品形態を受け取ることができる。それゆえ、ある物は、価値を持つことなしに、形式的に価格をもつことができるのである。ここでは価格表現は、数学上のある種の量のように、想像的なものになる。他方、想像的な価格形態、たとえば、そこには人間労働が対象化されていないので少しも価値のない未開墾地の価格のようなものも、ある現実の価値関係、またはこれから派生した関係をひそませていることがありうるのである。

　マルクスは、数学で出てくる虚数のように想像上の価格が生まれる、と説いています。すでに尊厳と価格に関するカントの議論を紹介しましたが（⇨

第9章）、資本主義が行き過ぎると、良心や名誉など、本来は商品にはなりえないようなものにまで価格がつけられていくことになります。

　岩井克人はマルクスの議論をさらに徹底させ、自己循環論法によって貨幣、言語、そして法を説明します。（関連する議論として、⇨第8章）

岩井克人　1998『貨幣論』ちくま学芸文庫、210-213頁

　貨幣とは、言語や法と同様に、純粋に「共同体」的な存在である。［……］

　貨幣共同体とは、伝統的な慣習や情念的な一体感にもとづいているのでもなければ、目的合理的にむすばれた契約にもとづいているのでもない。貨幣共同体を貨幣共同体として成立させているのは、ただたんにひとびとが貨幣を貨幣として使っているという事実のみなのである。（言語共同体も同様である。言語共同体を言語共同体として成立させているのは、ただたんにひとびとが同じ言語を言語として使っている事実のみである。［……]）

　だが、ここにまた循環論法がたちあらわれる。なぜならば、ひとびとがものの数にもはいらないモノを貨幣として使うとしたならば、それはそれを貨幣として受けとってくれる貨幣共同体が存在しているからである。貨幣が貨幣として使われることと貨幣共同体が貨幣共同体として存在していることは、したがって、おたがいがおたがいの根拠となっている。［……］結局、貨幣共同体の今ここにおける存在は、その貨幣共同体が未来永劫にわたって存在し続けるという期待によって支えられていることになる。まさにすべてが期待の連鎖を通して無限の未来から宙づりにされているのである。

　自己循環論法として法を説明する議論に近いものとして、モンテーニュやデリダの議論があります。

モンテーニュ（原二郎訳）1991［原書 1580］『エセー　(6)』岩波文庫、133頁

　法律が信用を保つのは、公正であるからではなくて、法律であるからである。これこそ法律の権威の不思議な根拠で、それ以外には何の根拠もない。

　デリダはこのモンテーニュの言葉を踏まえつつ、次のように述べています。

> ジャック・デリダ（堅田研一訳）2011 ［原書 1994］『法の力〔新装版〕』法政
> 大学出版局、27-28 頁
> 　人が掟に従うのは、それが正義にかなうからではなくて、権威をもつから
> である。「信奉（crédit）」という語は、命題にかかる負担をすべて背負って
> おり、権威の「神秘的」性格へのさりげない言及を正当なものにする。掟の
> 権威は、人が掟を信奉するという一点にかかっている。人が掟を信奉するこ
> と、これこそが掟の唯一の基礎である。この信仰の行いは、存在論的または
> 合理的な基礎ではない。

　とてもスリリングな議論です。人々が法に従うのは、「信仰の行い」なの
でしょうか。「正しいことだから法に従う」というのは、幻想に過ぎないの
でしょうか（⇨第 2 章）。貨幣と同様に、法についても自己循環論法で説明で
きるのかどうか、ぜひディスカッションしてみてください。

探究課題

1　マルクスの思想はどのようなものであり、**環境問題とはどのように関係する**
でしょうか。
⇨熊野純彦 2018『マルクス　資本論の哲学』岩波新書；斎藤幸平 2019『大洪
水の前に──マルクスと惑星の物質代謝』堀之内出版
2　**法と経済学とは、どのような学問分野でしょうか。**
⇨福井秀夫 2007『ケースからはじめよう　法と経済学──法の隠れた機能を知
る』日本評論社；マーク・ラムザイヤー 1990『法と経済学──日本法の経済分
析』弘文堂；スティーブン・シャベル（田中亘・飯田高訳）2010『法と経済学』
日本経済新聞出版社

引用文献

岩井克人 1992『ヴェニスの商人の資本論』ちくま学芸文庫
岩井克人 1998『貨幣論』ちくま学芸文庫
宇沢弘文 1989『経済学の考え方』岩波新書
大内兵衛・細川嘉六監訳 1965「資本論　第 1 巻第 1」『マルクス＝エンゲルス全

集　第 23 巻第 1 分冊』大月書店

デビッド・ガーバー（白石忠志訳）2021『競争法ガイド』東京大学出版会

交告尚史・臼杵知史・前田陽一・黒川哲志 2020『環境法入門〔第 4 版〕』有斐閣

斎藤幸平 2020『人新世の「資本論」』集英社新書

アダム・スミス（高哲男訳）2013『道徳感情論——人間がまず隣人の、次に自分自身の行為や特徴を、自然に判断する際の原動力を分析するための論考』講談社学術文庫

アダム・スミス（大河内一男監訳）2020『国富論 I』中公文庫

ジャック・デリダ（堅田研一訳）2011『法の力〔新装版〕』法政大学出版局

堂目卓生 2008『アダム・スミス——「道徳感情論」と「国富論」の世界』中公新書

N・グレゴリー・マンキュー（足立英之・石川城太・小川英治・地主敏樹・中馬宏之・柳川隆訳）2019『マンキュー入門経済学〔第 3 版〕』東洋経済新報社

モンテーニュ（原二郎訳）1991『エセー（6）』岩波文庫

Garrett Hardin 1968, The Tragedy of the Commons, *Science* 162（3859），1243-1248.

自由意志は虚構か
心理と法

「参照基準」は、心理学を次のように説明しています。

　心理学は、心とは何かを問い、心のはたらきを明らかにする学問領域である。そのために、人間が外界からの情報を取り入れ、理解し、最終的に適切な行動を取るにいたる過程を現象的に、機能的に、また、それを支える脳の機能にまで遡って明らかにすることを目的とする。こうした意味で、心理学は、人文学的な「心とは何か」という疑問から出発し、心理学独自の方法論のみならず、他の自然科学諸領域、とりわけ、医学、生物学、脳科学で開発された様々な手法をも駆使して、実証的、検証可能な形で心の実態に迫る。また、人間の心のはたらき、行動は、多くの場合、他者との関係性によって規定され、様々な社会的・文化的な枠組みの中で機能するものであることから、心理学は社会科学諸領域とも深い関係を持つ。（「参照基準　心理学分野」2014：1頁）

　本章では、フロイトの精神分析や、リベットによる脳神経科学の実験を手がかりに心理学的人間観に迫り、「自由」、「責任」、そして「法」の意味について考えます。さらに、映画を素材としながら、「法と心理学」の世界も紹介します。

┃ディスカッション・クエスチョン┃

1　行為は無意識のうちに起動している、という脳神経科学の実験結果を踏まえても、「自由意志はある」といえるでしょうか。

2　「自由」、「責任」、そして「法」は、フィクションなのでしょうか。

3　映画『それでもボクはやってない』（周防正行監督 2007）を鑑賞し、もし自分が裁判官だったらどのような判決を書くか、理由づけとともに話し合ってみてください。

1　無意識と自由意志──フロイト、リベット

　法学においては理知や論理も大切ですが、その背景にある人間の複雑な心理作用を踏まえることはもっと重要です。末弘厳太郎は次のように述べています。

> 末弘厳太郎 2000 ［1921 年の講演］「小知恵にとらわれた現代の法律学」『役人学三則』岩波現代文庫、143 頁
>
> 　人間というものは理知だけで動いているものではない、あるいは信仰であるとか、あるいは悲しみであるとか、あるいは喜びであるとか、あるいは恋愛とか、あらゆる心理作用をもって、朝から晩まで動いているものであるから、それらの複雑な作用をも加えて万事を考えなければならぬ。

　ここで述べられている通り、人間の心理作用を踏まえることは法学にとって不可欠といえるでしょう。

　さて、心理学分野の古典として、フロイトを読んでみましょう。フロイトは、「精神分析は、これまで打ち立てた主張の中でも二つの点で世の中全体を侮辱し、反感を買ってきました」とし、無意識と性的欲動の二点を挙げています。ここでは、前者の**無意識**に注目したいと思います。

> フロイト（新宮一成ほか訳）2012『フロイト全集 15　1915-17 年　精神分析入門講義』岩波書店、13-14 頁
>
> 　評判の悪いこれら二つの主張のうち第一のものは、諸々の心的な過程はそれ自体としては意識されない、無意識である、そして意識されている過程は心の生活全体の中のいくばくかの作用、その一部にすぎないというものです。私たちは通常、それとは逆に心的というのと意識的というのとを同一視しがちであることを思い起こしてください。意識されているというのは、私たちにとってまさに心的なものを定義する性格となっており、心理学とは意識の内容についての学問だと考えられています。両者を同一視するのはごく自明のことと映るものですから、これに異を唱えようとするのは、どう見ても明らかな愚行と感じられてしまいます。にもかかわらず、精神分析としてはここに異を唱えざるをえない、意識されているというのと心的というのとを同

一だと想定するわけにはいかないのです。心的なものとは感知とか思考、意欲といった類いの過程のことであるというのが精神分析による心的なものの定義であり、精神分析としては、無意識の思考とか無意識の意欲といったものが存在するという見解を取らざるをえません。

フロイトによる無意識の発見は、法学を含む多くの学問分野に対して影響を与えました。さらに、リベットによる脳神経科学の実験結果は、法学が前提としてきた自由意志の概念に深刻な疑念を提起することとなりました。

リベットの実験は、人間の行為は意識を伴った自由意志が現れる以前に無意識のうちに起動していることを示しました。

ベンジャミン・リベット（下條信輔・安納令奈訳）2005［原書 2004］『マインド・タイム——脳と意識の時間』岩波書店、143-144 頁

　自発的な行為を脳はどのように処理しているのか、というのは意識を伴う意志の役割についてと、それだけではなく、自由意志の問題についても、根本的に重要な問題です。自発的な行為では、行為を促す意志は行為へと繋がる脳活動の前かそれが始まったときに現れると、今まで一般的に考えられていました。もしそれが本当であるならば、自発的な行為は、意識的な心が起動し、指定していることになります。しかし、もしこれがあてはまらないとしたら、どうでしょう？　自発的な活動に結びつく特定の脳の活動が、行為を促す意志の前に始まっている、つまり、行動しようとしている自分自身の意図にその人が気づく前に始まっている、ということがあり得るでしょうか？［……］

　私たちはこの問題を実験的に調べることができました。私たちが発見したことを簡単に言えば、自由で自発的な行為の五五〇ミリ秒前に脳は起動プロセスを示します。しかし、行為を実行しようとする意識を伴った意志のアウェアネスが現れるのは、その行為のたった一五〇から二〇〇ミリ秒前なのです。したがって、その被験者が行為を実行しようとする自分の意志や意図に気づく四〇〇ミリ秒ほど前に、自発的なプロセスは無意識に起動するのです。

もし自由意志が人間の行為を起動しているのではないなら、法学における**「自由意志を持ち、自立して自律する人格」**という前提（⇨第1章）についても、根底から考え直す必要が出てきます。自由意志は本当にあるのでしょう

か？

　リベットの実験結果を受け、社会心理学者のウェグナーは、**意識を伴った自由意志は一つの幻覚である**、としています（Wegner 2002）。これに対し、リベット自身は、自由意志は意志プロセスを起動することはないが、「意志プロセスを積極的に拒否し、行為そのものを中断したり、行為を実行させる（または誘引となる）ことで、その結果を制御することができ」ると述べています（リベット 2005：167 頁）。このような「**意識を伴う拒否**」という考え方には、「脳一元の決定論に見える自身の研究結果と、自由意志を擁護する健全な常識的立場をなんとか矛盾なく両立させようとする、著者リベットの努力の跡」（同上、167-168 頁における訳注〔下條信輔〕）が窺えます。

　もっとも、「起動させる意志」と「拒否する意志」とはうまく切り分けられるのかなど、疑問も残ります。しかし、だからと言って自由意志が直ちに意味を失うというのも言い過ぎだと思われます。「リベットの実験のような脳神経科学の知見が脳神経科学者や哲学者の予測を超えて、弁護士や政治家などによって、自由意志概念を切り崩すような方向の議論に応用されるおそれ」（信原・原 2008：248 頁〔近藤智彦〕）にも注意する必要があると思われます。

　下條信輔は、「人は自分で思っているほど、自分の心の動きをわかっていない」という視点から、次のように述べています。

下條信輔 1996『サブリミナル・マインド──潜在的人間観のゆくえ』中公新書、292 頁

　私たちが人間を見るとき、自己認識には多重性があります。本人にとってあくまでも自立と自由意志に基づく決断と行動であっても、はたからはそうは見えない。とりわけ、生理学的、客観的、あるいは集団的にデータを見る生物学者・心理学者にとってはそうです。そして今や、この周囲の他人の人間観が、本人のかけがえのない「自由」と「意志」を侵食し、むさぼり、滅ぼそうとしているかに見えるのです。［……］

　このような自己認識の多重構造の中で、とりわけ近代的な自我、自覚するゆえに我ある自我、独立した意志を持つ単位としての個体、究極的な価値としての自由──こうしたものは急速にその根拠を失い、崩壊してゆくというのが、私の見方です。

　もっとも、下條信輔は、別の記事において「自由意思は、仮に科学によって脳の物質的働きに完全に還元されたとしても、精神世界から消滅したりはしない」、「もともと知覚心理学では、知識として『正解』を与えられても容易に消えうせない現象を、真性のイリュージョンと考える。私たちの自由もまた、真性のイリュージョンだといえるのではないか。自由がイリュージョンであることが問題なのではなく、イリュージョンとわかることで消滅すると思い込む錯誤の方こそが、問題なのだ」として、「行為の責任はそれぞれが負わなくてはならない[45]」と明言しています。

2　フィクションとしての自由意志──来栖三郎

　リベットの実験を踏まえつつ、「自由意志」や「責任」を社会的虚構とする心理学者もいます。

> 小坂井敏晶　2011『人が人を裁くということ』岩波新書、159頁
> 　近代的道徳観や刑法理念においては、自由意志の下になされた行為だから責任を負うと考えられている。しかし責任の正体に迫るためには、自由意志に関する我々の常識を改めなければならない。責任が問われる時、時間軸上に置かれた意志なる心理状態と、その結果たる出来事とを結ぶ因果関係が問題になるのではない。実は論理が逆立ちしている。自由だから責任が発生するのではない。逆に、我々は責任者を見つけなければならないから、つまり、事件のけじめをつける必要があるから、行為者が自由であり、意志によって行為が為されたと社会が宣言するのである。言い換えるならば、自由意志は、責任のための必要条件ではなく、逆に、因果論的な発想で責任を把握する結果、論理的に要請される社会的虚構に他ならない。

　小坂井は、「自由意志の下になされた行為だから責任を負う」という常識的な順序を逆転させ、「責任者を見つけなければならないから、つまり、事件のけじめをつける必要があるから、行為者が自由であり、意志によって行為が為されたと社会が宣言する」、といいます。そして、このように宣言される自由意志は社会的虚構である、と主張します。

---

45)　下條信輔「自由と責任」朝日新聞 2005 年 2 月 21 日夕刊 16 頁。

　しかし、虚構だから重要でない、ということにはならないと思われます。「自由」、「責任」、そして「法」は、「社会契約」と同様、社会を成り立たせるために必要不可欠であり、とても**大切なフィクション**といえます。第3章でも言及した来栖三郎の著作から、別の箇所を引用します。

来栖三郎 1999「フィクションとしての自由意志」『法とフィクション』東京大学出版会、324頁

　決定論の正しいことは論証できないとされるが、自由意志の存在も論証できないとしつつ、なお自由意志の存在を主張するなら、その行為の性質をどのように解すべきであろうか。それは一つの仮定であると解しなければならないであろう。しかし、その仮定は、正しいことの検証を目的としないのだから仮説ではない。仮説は正しいと検証することを目的として立てられる仮定だからである。

　だが、そのような仮説でない仮定とは何であろうか。それは普遍的に妥当する先験的判断ではない。それは経験的に人々のおいた仮定とみるべきであろう。それなら何のために、そういう仮定をおくのであろうか。それは――ジェイムズのことばを借りれば――人々の感情によるのである。それは人々の合理性の確信に合する結論に導いてくれるからである。すなわち、「意志の自由」の仮定は、実践的に人々が望ましいと考える結論に到達するための便宜的手段に外ならないのである。その意味において、それは一のフィクションである。［……］

　そして、もし、自由意志の仮定がフィクションだとすると、それは、個人的で主観的なものであるとみとめなければならないのであるが、それは何の根拠もない荒唐無稽のことを行うのではなく、その基礎としてそういうフィクションを行うことを尤もだとさせる状況が存在しなければならないのである。

　フィクションとしての性質は、法学における「国家」、「人権」、「正義」などにも同じように当てはまると考えられます。これらはいずれも、実験や観察の手法によっては確かめることのできないものであり、人が作り出した主観的なものという側面を持っています。そして、このようなフィクションを適切に語れるかどうかは人間と他の動物を分ける指標とも考えられ、人間の本質とも通じています。

　ユヴァル・ノア・ハラリは、ホモ・サピエンスが食物連鎖の頂点に立ち、文明を築いたのは、虚構、すなわち架空の事物について語る能力が約 7 万年前に生じた**認知革命**によって可能となったからである、と論じています。そして、「法」は、神話や宗教と並び、互いに見知らぬ人々が協力し合うことを可能にする、極めて重要な「虚構」の一つに位置づけられています。

ユヴァル・ノア・ハラリ（柴田裕之訳）2016 ［原書 2011］『サピエンス全史──文明の構造と人類の幸福（上）』河出書房新社、39-40 頁、43-44 頁

　虚構、すなわち架空の事物について語るこの能力こそが、サピエンスの言語の特徴として異彩を放っている。［……］虚構のおかげで、私たちはたんに物事を想像するだけではなく、集団でそうできるようになった。［……］そのような神話は、大勢で柔軟に協力するという空前の能力をサピエンスに与える。［……］国家は、共通の国民神話に根差している。たとえばセルビア人が、互いに面識がなくても命を懸けてまで助け合うのは、セルビアという国民やセルビアという祖国、セルビアの国旗が象徴するものの存在を、みな信じているからだ。司法制度は共通の法律神話に根差している。互いに面識がなくても弁護士どうしが力を合わせて、赤の他人の弁護をできるのは、法と正義と人権──そして弁護料として支払われるお金──の存在を信じているからだ。

　ハラリが述べるように、集合的想像としての法制度を可能にした 7 万年前の**認知革命**は、ホモ・サピエンスの歴史にとって決定的な重要性を持っているといえるでしょう。「自由」、「責任」、そして「法」は確かに虚構ですが、これらの虚構は利害関係を異にする多様な人々が共存・協働するために、極めて重要な役割を果たしている、ということができます。

3　法と心理学──『それでもボクはやってない』

　次に、映画『それでもボクはやってない』を素材としながら、法と心理学の世界を紹介したいと思います。

　『それでもボクはやってない』は日本における刑事司法の問題点を鋭く描いており、優れた法学教材として法学部やロースクールでも用いられています。この映画は主人公が無実であるという前提で作られており、映画を観る

われわれははじめからそのことを知っています。そのため、この映画を観る
と、無実の主人公を犯罪者に仕立て上げていく警察官、検察官、裁判官らに
対して怒りが込み上げてくると思います。

　ところが、現実に起こる刑事事件では映画のように真実を外から眺めるわ
けにはいきません。人間は神のような全知全能の立場に立つことはできず、
誰が真犯人なのかは究極的には誰にも分かりません。そのなかで、ときに真
っ向から矛盾する被害者・被疑者・目撃者らの供述等の証拠を手がかりに考
えていくほかありません。

　この映画の設定を少し変え、誰が真犯人なのかは誰にも分からないという
シナリオであればどうでしょうか。皆さんが裁判官であったとしたら、どの
ような判決を下すでしょうか。そして、判決の理由をどのように説明するで
しょうか。この映画が非常に優れているのは、裁判官が読み上げる判決理由
も非常に筋が通っており、説得的なものとして書かれている点だと思います。
この映画は、冤罪を単に検察官や裁判官など、個人のミスとして片付けるわ
けにはいかないことに気づかせてくれます。この映画で下される判決に反対
する場合、読み上げられる判決理由に対してどのように反論できるのか、ぜ
ひディスカッションしてみてください。

　以下では、「法と心理学」の重要テーマである供述分析の心理学を紹介し
つつ、判決理由への反論の一つを示してみたいと思います[46]。この映画では、
満員電車のなかで被害者の少女が自分のお尻の右側を触られたと感じ、真後
ろにいた主人公のてっぺい君を犯人だと考えます。逮捕されたてっぺい君は、
「自分はやってない。ただ、自分の左側にいた太った男性が自分の方に強く
押してくるので、後になってこの男性が怪しいのではないかと思った」と、
法廷で供述します。そこで検察官が「それだけ混んだ電車で、密着している
人間の間を強引に手が入ってくれば、ふつう気がつくと思うのですが、気づ
きませんでしたか」と質問します。それに対し、てっぺい君は「気がつかな
かった」と答えます。この供述は、有罪を基礎づける証拠になるでしょうか。

　被疑者が不自然な供述をした場合、嘘をついているという疑いが強まり、
有罪の方向での心証につながります。実際、映画のなかで読み上げられる判
決理由では、「被告人の左隣にいた太った男が犯人であれば、その犯人の右

---

46)　以下の記述は、藤田 2013：105 頁以下〔浜田寿美男〕、及び浜田 2014 を参考にしています。

てっぺい君課題

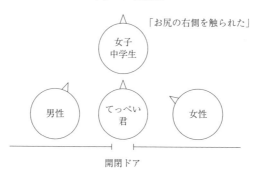

出典）浜田 2014：321 頁

腕は、少なくとも被告人の身体の前を通って、被害者の右臀部に触れている
はずであるから、被告人自身が気づいたはずである。にもかかわらず、被告
人は左隣にいた太った男の犯行には気づかなかったというのであるから、本
件犯行がこの男によるものである可能性が非常に低いことは、被告人自身の
公判供述から明らかと言わなければならない」としています。

　しかし、「法と心理学」の観点からは、このような「不自然」な供述は、
かえって被疑者の無実を基礎づける、という反論が可能です。仮に、てっぺ
い君が真犯人で、言い逃れのために嘘をついていると仮定してみましょう。
もしてっぺい君が左隣の男性を真犯人にでっち上げようとしているなら、
「あなたはそれに気がつかなかったのですか」と質問されたときに、「そうい
えば、左隣の男性は自分の腰の前あたりに手を差し込んでゴソゴソしてい
た」等と言わないと嘘をまっとうしたことになりません。にもかかわらず、
「気がつかなかった」と答えているとすれば、犯人をでっち上げるような嘘
をついていながら、これに対する検察官の疑いを払拭しようとせず、逆に疑
問を深めるような供述をしたことになります。この点で、てっぺい君が真犯
人で、言い逃れのために嘘をついているという仮定は破綻する、とされます
（浜田 2014：323 頁）。

　第三者からすると一見不自然に思える供述は、供述者本人の視点に身を置
いてみると、むしろ体験をその通りに語ったものだといえる場合があります。
これは、この映画の主人公の名前をとって、「てっぺい君課題」と呼ばれて
います（藤田 2013：106 頁〔浜田寿美男〕）。実際、再現実験をしてみると、こ

のような状況で「気づかない」ということは十分にありうるといいます。

　「てっぺい君課題」は、「法と心理学」の視点が極めて重要であることをよく示しています。裁判員制度の導入に伴い、「法と心理学」は法律家に限らず、すべての人にとって重要性を高めています。本章で取り上げた供述分析のほかにも、犯罪捜査、取調べの可視化、目撃証言、量刑、被害者参加などについて重要な研究が行われていますので、ぜひ調べてみてください（参照、サトウほか 2020：藤田 2013）。

探究課題

1　「意識を伴う拒否」によって自由意志を擁護するリベットの議論は、説得的でしょうか。

⇨ベンジャミン・リベット（下條信輔・安納令奈訳）2005『マインド・タイム──脳と意識の時間』岩波書店

2　自由意志と同様に、「責任」や「法」も社会的虚構なのでしょうか。

⇨小坂井敏晶 2020『増補　責任という虚構』ちくま学芸文庫

引用文献

来栖三郎 1999「フィクションとしての自由意志」『法とフィクション』東京大学出版会

小坂井敏晶 2011『人が人を裁くということ』岩波新書

サトウタツヤ・若林宏輔・指宿信・松本克美・廣井亮一 2020『法と心理学への招待』有斐閣

下條信輔 1996『サブリミナル・マインド──潜在的人間観のゆくえ』中公新書

末弘厳太郎 2000「小知恵にとらわれた現代の法律学」『役人学三則』岩波現代文庫

浜田寿美男 2014「『私』がこの『世界』を生きるということ──『私』とは、人が『もの』に向かい、『他者』と出会い、『物語』を生み出すなかで形成されていくもの」『心理学評論』Vol. 57, No. 3

信原幸弘・原塑編著 2008『脳神経倫理学の展望』勁草書房

ユヴァル・ノア・ハラリ（柴田裕之訳）2016『サピエンス全史──文明の構造と人類の幸福（上）』河出書房新社

藤田政博編著 2013『法と心理学』法律文化社

フロイト（新宮一成ほか訳）2012『フロイト全集15 1915-17年 精神分析入門講義』岩波書店

ベンジャミン・リベット（下條信輔・安納令奈訳）2005『マインド・タイム——脳と意識の時間』岩波書店

Wegner 2002, *The Illusion of Conscious Will*, The MIT Press

第13章 — 客観性とは何か
科学と法

　自然科学は、実験や観察という方法によって実証される再現性を非常に重視します。「参照基準」は、物理学・天文学を「我々を取り囲む自然界に起こる現象のしくみやその奥に存在する法則を、**実験や観測**から得られる事実を頼りに探究するとともに、それらの知見をもとに狭義の自然界を越えたより広い世界の多様性を理解しようとする学問分野」（「参照基準　物理学・天文学分野」2016：ii頁）、生物学を「あらゆる生物体と生命現象、および多くの生物がかかわりあう自然に関する科学」（「参照基準　生物学分野」2013：ii-iii頁）と定義します。そして、「哲学・文学・法学など他の学問も『生命』を論じるが、生物学は自然科学として、多様な**実証的方法**を用いて生命の解明をめざす点が、これらの学問とは異なるところ」（同4頁）とされています[47]。

47）　このほかにも、**化学**は次のように定義されています。「化学は物質の構造・性質・反応を原子・分子レベルで理解するとともに、原子・分子を操作して物質の変換や新物質の合成を行う自然科学の1分野である。［……］化学は物質を総合的に探究する科学分野であり、人々の生活に役立ち、社会を豊かにする物質をもたらす役目も担っている。」（「参照基準　化学分野」2019：3頁）。

　情報科学（**情報学**）は「情報によって世界に意味と秩序をもたらすとともに社会的価値を創造することを目的とし、情報の生成・探索・表現・蓄積・管理・認識・分析・変換・伝達に関わる原理と技術を探求する学問である。情報学を構成する諸分野は、単に情報を扱うというだけではなく、情報と対象、情報と情報の関連を調べることにより、情報がもたらす意味や秩序を探求している。さらに、情報によって価値、特に社会的価値を創造することを目指している」とされています。情報学とその応用（応用情報学）については、情報学の中核部分が諸科学に対する「**メタサイエンス**」（**諸科学全体を覆うサイエンス**）であるという考えがあります。「参照基準　情報学分野」2016：ii-iii頁。

　なお、**再現性を条件としない科学**も存在します。例えば、**地球惑星科学**は「地球ならびに太陽系内及び系外惑星の形成と進化を探求し、また地球惑星システムの変動を予測する学問である。とりわけ地球の構造、テクトニクス、化学的進化や物質進化、そして生物進化の研究を通じて人類の拠って来る所以を解明し、大気・海洋や地球深部と表層、電磁圏や惑星等を対象とした種々の研究活動を通じて人類の置かれている環境の営み、及びそれと人類との関わりを考察し、人類の将来に対する指針と展望を与える総合科学」であり、「地球惑星科学の固有性は、多様な時空間スケールの中で生起する**再現不可能な地球惑星の諸現象**を対象とすることにある」とされています。「参照基準　地球惑星科学分野」2014：ii頁（ゴシック体による強調は筆者による）。

　本章では、科学の条件について考察した後、科学革命の構造、客観性とは何か、といった問題を考えます。

┃ディスカッション・クエスチョン┃

　1　科学であるための条件は何でしょうか。

　2　科学革命はどのようにして起こるのでしょうか。

　3　法学は科学といえるでしょうか。

1　科学とは何か──ベーコン、ポパー

　科学の歴史において、帰納法という考え方を示したベーコンがよく知られています。ここでは、確実な推論を積み重ねていく学問の手順が説かれています。

ベーコン（服部英次郎訳）2005［原書 1620］「ノヴム・オルガヌム」『学問の進歩／ノヴム・オルガヌム』河出書房新社、232-233 頁、277 頁

十四

　三段論法は命題から成り立ち、命題は語から成り立ち、語はいわば概念の合札である。したがって、概念そのもの（いわば建物の基礎である）が混乱していて、事物から早急にひき出されたものであるなら、そのうえに建てられるものには、何も確実なものはないわけである。したがって、唯一の望みは真の「帰納法」にある。［……］

一〇四

　［……］諸学について大きな希望は、正しい段階を、中断や杜絶なく、連続的に、個々の事例から低次の一般的命題へ、それから中間の一般的命題へと、つぎつぎに高次の命題へ上って、最後にもっとも一般的な命題に到達するようになるとき、はじめていだくことができる。［……］人間の知性は、翼を与えられるべきでなく、跳躍や飛揚をまったくしないように、おもしやおもみをつけられるべきである。そしてこのことはまだなされていないのであるが、しかしそれがなされるとき、諸学についていっそうよい希望をもつことが許されるであろう。

　ベーコンは、実験結果から出発し、論理の飛躍がまったくないように一つ

ひとつ議論を積み重ねてゆく科学の基本手順を説いています。建物の基礎に
あたる概念が混乱してしまうと、そのうえに建てられるものには何も確実な
ものはない、というベーコンの指摘は、法学の議論にもそのまま当てはまる
と思います。「中断や杜絶なく、連続的に、個々の事例から低次の一般的命
題へ、それから中間の一般的命題へと」丁寧に推論を積み重ねていくことが
重要になります。

　では、どのような条件を満たせば科学といえるのでしょうか。**反証可能性**
という概念について、ポパーの文章を読んでみましょう。

カール・ポパー（藤本隆志ほか訳）1980『推測と反駁──科学的知識の発展』
法政大学出版局、62-64 頁

（一）われわれが確認を求めるのであれば、ほとんどすべての理論について
確認例ないし検証例を得ることが容易にできる。

（二）確認ということが意味をもつのは、それが反駁の危険性を伴った予測
の結果である場合にかぎられる。すなわち、当該理論によって啓蒙されてい
なければ、その理論と両立しなかったであろうような出来事──その理論を
反駁したであろうような出来事──を予期すべきであった場合に限られる。

（三）「よい」科学理論は、すべて禁止を事とするものである。それは、ある
種の出来事の起ることを禁ずる。禁ずることが多ければ多いほど、その理論
はよい理論なのである。

（四）考えうるいかなる出来事によっても反駁できないような理論は、科学
的な理論と言えない。反駁不能ということは（人々がしばしば考えるような）
理論の長所なのではなくして、その欠点である。

（五）理論の正当なテストとは、いずれも理論を反証し、あるいは反駁せん
とする試みである。テスト可能とは反証可能ということである。ただし、テ
スト可能性には程度のちがいがあるのであって、ある理論は他の理論よりも
いっそうテスト可能であり、反駁の機会が多い。いわば、大きなリスクを伴
っているのである。

（六）確認の証拠は、それが理論の正当なテストから得られたものでなけれ
ば、意味をもたない。そして、このことは、それが理論を反証しようとする
真剣な、しかし失敗に終わった試みとして提示できることを意味する（この
ような場合をいま「確認証拠（corroborating evidence）」と呼んでおく）。

（七）正当にテスト可能な理論の中には、偽であることが判明した場合でも、

> その信奉者によって擁護されているものがある——たとえば、そのつど何らかの補助的な仮説を導入したり、あるいは、当の理論をそのつど再解釈して反駁を免れるようにしたりすることがある。そうした手続きは常に可能なのだけれども、それによって理論が反駁を免れても、その代償に必ずその科学的身分が破壊されたり、あるいは身分が少なくとも低下したりすることになる。[……]
>
> 　これらすべてを要約すれば、ある理論に科学的身分を与えうるか否かの判定基準は、その反証可能性、反駁可能性、ないしテスト可能性である、ということができる。

　ポパーは、反証可能性こそが科学の条件である、といいます。たとえ説明能力が非常に高かったとしても、反証することがそもそも不可能であるような命題は科学ではありません。ポパーは、マルクス主義の歴史理論、フロイトの精神分析、アドラーの個人心理学を例に挙げ、「科学の体裁をとっていながら、実際には科学よりも原始的な神話と共通した部分が多いように思われた［……］、言ってみれば、天文学よりも占星術に似ているように思われた」（同書59頁）、としています。

　科学的命題は常に仮説であって、新しい実験や観測によって反証される可能性に開かれている必要があります。科学においては、「反証可能であるけれどもいまだ反証されていない仮説」が、現在においてもっとも説得力の高い説としての地位を得て、教科書等に記載されることになります。そして、新たな実験などによってそれまでの仮説が反証されれば、新しい仮説がそれまでの仮説に取って代わり、教科書等が書き換えられてゆくことになります。その意味では、科学は普遍的真理に近づこうと不断に探究を続ける営みですが、一切の反駁ができないような「絶対的真理」を標榜することはできないし、標榜すべきでもない、と考えられます。だからこそ、論文を書くときには根拠を十分に示し、脚注等において依拠した文献・データ等をすべて列挙することで、読者による吟味と批判に開くことが重要になります。

2　科学革命の構造——クーン、アインシュタイン

　トマス・クーンは、パラダイムという言葉を用いて科学革命について論じ

ました。

トーマス・クーン（中山茂訳）1971［原書 1962］『科学革命の構造』みすず書房、117-118頁

　パラダイムはある一定期間成熟した科学者集団が採用する方法、問題領域、解答の規準の源泉となっている。その結果、新しいパラダイムを受け入れることは、それに対応する科学の再定義を伴うことが多い。若干の古い問題は別の科学に追いやられるか、全く「非科学的」と焼印を押されることにもなる。また、今まで存在しなかった、あるいはつまらないとみなされていた問題が、新しいパラダイムの下に脚光を浴び、科学上の仕事の原型となる。そして問題が変わるにつれて、本当の科学的解答と単なる形而上学的思弁や言葉の遊戯、数学遊戯を区別する規準も変わることが多い。科学革命から生じる通常科学の伝統は、今までのものと両立しないだけでなく同一の規準ではかれないことも多い。

　十七世紀の通常科学の伝統に与えたニュートンのインパクトは、このようなパラダイムの移行の際に起こる微妙な効果を見事に示している。ニュートンが生まれる前に、その世紀の「新科学」は、ついに質量や本質という言葉で表すアリストテレスやスコラ学者の説明を斥けることに成功した。石が落ちるのは、その石の「本質」が石をして宇宙の中心に向かって追いやるからだ、というような言い方は、単なる同義反復的言葉の遊戯とみなされるようになった。それ以来、色、味、重さなどを含むすべての感覚上の現象は、物質の基本構成要素である大きさ、形、位置、運動で説明されるようになった。基本的粒子以外のものに帰することは擬科学に立ち帰ることであり、だから科学の領域以外のこととみなされた。モリエールは阿片の催眠的性質を、その催眠潜在力に帰して説明する医者を嘲笑しているが、ここで彼は当時の新しい精神を適確に捉えている。十七世紀後半では、たいていの科学者は阿片の粒子の丸い形が動くにつれて神経をやわらげる作用をする、という説明を好んだのである。

　パラダイムとは、科学の考え方全体であり、科学者共同体における共通の前提、信念、価値観の集合を意味しています（オカーシャ 2008：101 頁以下）。

　「同一の規準ではかれない」という部分は、"incommensurable" の翻訳です。この語は、「共約不可能」、「通約不可能」とも訳され、共通の物差しがない状態を意味します。クーンは、科学革命が起こる前後には共通の物差し

がないので、「両立しないだけでなく同一の規準ではかれない」、つまり、そもそも比較すること自体が不可能、といいます。"incommensurable" という用語は憲法学においても重要概念で、宗教を典型とするような生き方に関する価値観は互いに incommensurable、という表現をします（⇨第10章）。

　クーンは、パラダイムを宗教に喩えており、「パラダイムからパラダイムへと説を変えることは、改宗の問題」とし、次のように述べています。

トーマス・クーン（中山茂訳）1971［原書 1962］『科学革命の構造』みすず書房、171 頁

　重大な点は、どのパラダイムが、今まで完全には解けなかった問題に、将来、解こうという研究方向を与えるかである。科学を進めるいろんな道のうちのどれを採るかの決定が要請される時、その決定は過去の栄光よりも将来の約束によらねばならない。［……］古いパラダイムで解けないものはごくわずかであることは知っていながら、新しいパラダイムが直面する多くの問題を解く上で、いずれは成功するであろうという信念を持たねばならない。その種の決断は、ただ信念によるのである。［……］選んだ特定の候補に対する信頼の基礎がなければならない。この基礎は必ずしも合理的で、究極的に正しいものである必要はない。何かが、少なくとも一部の科学者に、この新しい提案は正しい軌道に乗っていると感じさせるに違いない。時にそれは、ただ気質的で不明確な美的配慮にすぎないであろう。明確な、テクニカルな議論が他の道を指し示している時に、この勘のようなもので宗旨を変える人もあるのだ。コペルニクスの天文理論も、ド・ブローイの物質理論も、はじめて提案された時には人に訴える根拠はあまりなかった。今日でも、アインシュタインの一般相対論は主として美的な根拠で人を魅きつけるのであって、この魅力は数学の外の人には感じられないものである。

　自然科学は特定の宗教とは関わりなく、どんな宗教を信じる人にとっても普遍的に妥当する面を有しています。しかし、逆説的に、科学は深い宗教性に基礎づけられているともいえます。アインシュタインは、科学の持つ宗教性について、次のように語っています。

アインシュタイン（湯川秀樹監修）1972［原書 1930］「宗教と科学」『アインシュタイン選集 3　アインシュタインとその思想』共立出版、61-62 頁

教会が古くから科学と抗争し、科学の使徒たちを迫害してきたことは理解できることである。しかし私が主張したいのは、宇宙的宗教性なるものは科学的研究の最強かつ最高の駆動力であるということである。極度の緊張、とりわけ、画期的な科学的思考の創造物を完成するのに欠くことのできぬ献身ということを評価しうる人だけが、この感情の強さを評価することができる。この感情からのみこの種の直接的な実生活とはかけ離れた仕事が育ちうるのである。世界の構造の合理性に寄せる、なんという深い信頼、あくまで納得を求める、なんという憧れ、たとえこの世界に示現されている理性の一つのかすかな閃光にすぎないにしても、この種の感情がケプラーやニュートンの体内では脈々と生きていたに違いない。その結果これらの人々は長年にわたる孤独な仕事において天体の力学のメカニズムを解き明かすことができたのである。[……] 一般的に物質主義的な傾向を示すわれわれの時代にあって、篤実な研究者こそ唯一の深く宗教的な人間であろうとのわが同時代人の言葉は不当なものではないのである。

ここからは、科学も一定の信仰的態度に基づいているということが示唆されます。現在支配的になっているパラダイムはどのような前提に基づいているのか、他の考え方はありえないのか、常に根源に遡って批判的に考えていくことが重要であると思われます。

3　科学としての法学──ウェーバー、川島武宜

以上の点を意識しつつ、社会科学における「客観性」について検討してみましょう。マックス・ウェーバーは、価値と事実の峻別を強調して次のように述べています。

マックス・ウェーバー（尾高邦雄訳）1980［1919 年の講演］『職業としての学問』岩波文庫、54-55 頁
　実際上の立場を「学問的に」主張することができないということは、[……] もっと深い理由によるのである。というのは、こんにち世界に存在するさまざまの価値秩序は、たがいに解きがたい争いのなかにある、このゆえに個々の立場をそれぞれ学問上支持することはそれ自身無意味なことだか

らである。老ミルはかつてこういったことがある、［……］もし純粋な経験
から出発するなら、人は多神論に到達するであろう、と。［……］フランス
の文化とドイツの文化とを比較して「学問的に」その価値の高下を決しよう
とするばあいなど、どうやってそうするのかわたくしにはわからない。この
点でも神々はたがいに争っており、しかもそれは永久にそうなのである。
［……］そして、これらの神々を支配し、かれらの争いに決着をつけるもの
は運命であって、けっして「学問」ではない。学問が把握しうることは、そ
れぞれの秩序にとって、あるいはそれぞれの秩序において、神に当たるもの
はなんであるかということだけである。

　ウェーバーは、「世界に存在するさまざまの価値秩序は、たがいに解きが
たい争いのなかにある」、そして、「争いに決着をつけるものは［……］、け
っして『学問』ではない」、といいます。例えば、フランス文化とドイツ文
化の優劣を決しようとすれば、永久に決着のつかない「**神々の争い**」となり
ます。比較不能な価値は、長谷部憲法学にも通じる問題意識です（⇨第10章）。
　ウェーバーは別の著作において、次のように論じています。

マックス・ヴェーバー（富永祐治・立野保男訳、折原浩補訳）1998 ［原書 1904］
『社会科学と社会政策にかかわる認識の「客観性」』岩波文庫、41 頁、47 頁
　世界に起こる出来事が、いかに完全に研究され尽くしても、そこからその
出来事の意味を読み取ることはできず、かえって、〔われわれ自身が〕意味そ
のものを創造することができなければならない。つまり、「世界観」とは、
けっして経験的知識の進歩の産物ではないのであり、したがって、われわれ
をもっとも強く揺り動かす最高の理想は、どの時代にも、もっぱら他の理想
との闘争をとおして実現されるほかはなく、そのさい、他の理想が他人にと
って神聖なのは、われわれの理想がわれわれにとって神聖なのとまったく同
様である。こうしたことを知らなければならない、ということこそ、認識の
木の実を喰った一文化期の宿命にほかならない。［……］
　この雑誌の欄では——特に法律に論及するさい——、社会科学——事実
の思考による秩序づけ——とならんで、社会政策——理想の提示——にも、
発言を許すことが避けられない。しかし、その場合、われわれは、その種の
〔理想の提示を含む〕論究を「科学」であると主張しようとは思わないし、
両者を混同したり、取り違えたりしないように極力注意するであろう。そう

いうばあいに語っているのは、もはや科学ではない。

　ウェーバーのいう「認識の木の実」とは、エデンの園に出てきた善悪の知識の木（⇨第1章）を指しています。ウェーバーによると、世界観をめぐる争いは「神々の争い」であって、科学によっては決して決着がつきません。そうだからこそウェーバーは、事実の科学的論究（社会科学）と、価値評価を伴う主張（社会政策）とを混同せず、常に厳密に峻別することを強調します。
　それでは、法学は科学といえるでしょうか。川島武宜による文章を読んでみましょう。

川島武宜 1987『「科学としての法律学」とその発展』岩波書店、4-5頁
　法律学は、一般の他の科学に比べて非常にちがっている。少なくとも、ちがっているように見える。法律学の講義でもいろいろな「理論」が教えられる。しかし、その理論は物理学や化学等の理論とはちがっている。自然科学においては、否、他の社会科学においても、或る理論が正しいかどうかということは、実験や観察によって――要するに、われわれの経験的事実によって――決せられるのであって、或る人々がそれを欲するかどうかによっては影響されないはずであり、それが「科学」の特殊性である（教会が欲しなくても、やはり地球は太陽のまわりをまわる！）。
　ところが、法律学における「理論」はどうであろうか。たとえば、「皇居前広場をメーデーに使うことを禁止することが合法的であるか」という問題について、合法説と非合法説とが対立する。だが、この両説のうちのどちらが正しいかということは、ニュートンの法則のように、実験とか事実の観察とかによって「立証」されるであろうか。警察や政府が、皇居前広場の使用禁止を憲法違反ではないと言い、労働組合や弁護士が憲法違反だと言って、互いに譲らない場合に、この二つの見解のどちらが正しいかを決める「客観的な」規準があるのだろうか。結局それは、いわゆる「見解の相違」以上のものではないのではないか。この「見解の相違」を裁いてどちらかの見解の「正しさ」を確定するのは、結局「力」ではないのだろうか。多くの人々は、このような疑問をもっているであろう。なぜかというと、政府権力という力（それは、終局においては、高度に組織された「物理的な力」である）で決めるとか、政府に反対する実力（たとえば世論の圧力）や革命の暴力で決めるとかすると、このような「見解」の争いは現実に解決されてしまうのではないか。

　私はいま極端な場合を例にひいたけれども、法律学上の多くの論争には、これと同じような性質をもつ場合がきわめて多いのである。もちろん、このような懐疑論に対しては、「正義」とか「自然法」というような普遍妥当な「客観的な」規準の存在を主張し、皇居前広場をメーデーに使用することを禁止するのは合憲的であることは疑いの余地のないことだ、という確信が主張されるだろう。しかし、それに対して別の自然法（基本的人権）論が、同様に普遍妥当な「客観的な」規準にもとづいて違憲論を主張した場合に、このどちらが「真理」であるかを決定すべき立証が成り立つだろうか。その立証は「科学」の立証と同性質のものであるのか。そうだとしたら、法律学の「理論」というのは一般の「科学」の理論と同じであるのか違うのか、違うとしたら、どこが違うのかが問われなければならない。いったい法律学者が或る「理論」を主張する場合に、彼はその「理論」を「科学的な真理」として主張しているのだろうか。それとも、それは科学的な真理ではなくて、一つの実践的要求を提言しているにすぎないのではないだろうか。もしそうであるならば、それは科学の名に値するのであろうか。

　このような問題意識から、法を研究対象とする経験的社会科学として発展したのが**法社会学**です。経験的社会科学とは、「社会現象についての因果法則の探求を目的とし、社会現象についての仮説を経験的なデータに基づいて検証することによって、社会についての新しい知見を見出」す営み、と定義されます（太田ほか2009：3頁）。法解釈学と比較して、法社会学は仮説を経験的なデータに基づいて検証することを重視する点に特徴があり、あくまで科学であることを目指していると言えます[48]。

　法学研究のなかには、科学と呼べる研究と、科学とは呼べない研究の両方があると考えられます。例えば、キリスト教神学やマルクス主義の歴史観を所与の前提とした法学論文など、厳密な意味において反証可能性を持たないと思われる論文は存在しています。ポパーの考え方に照らせば、これらの論文は科学ではないことになりそうです。また、ウェーバーの説くような事実の科学的論究と価値評価を伴う主張との峻別は、法学においては徹底することが難しいこともあります。

　しかし、仮に科学の範囲に入らないとしても、人間や社会に対して鋭い洞

---

48)　社会学に関する参照基準も、「社会現象を調査によって収集した事実に基づいて経験的に明らかにする実証的学問」（「参照基準　社会学分野」2014：ii頁）ということを強調しています。

察を示していることはありうるのであり、そのような論文が意味を持つ可能性は十分にあります。ポパーの基準に照らせば科学的ではないとされたマルクス主義の歴史理論、フロイトの精神分析、アドラーの個人心理学は、いずれも世界や人間を理解するための鋭い洞察を示しており、リベラルアーツにとって非常に大切だと考えられます。リベラルアーツにおいては、科学的な論文も、科学的ではない論文も、それぞれの意義と限界を意識しつつ、両方とも幅広く読んでおくことが大切だと思われます。

探究課題

1　経験科学的方法を用いる法社会学は、法解釈学と比較してどのような特徴を有しているでしょうか。

⇨六本佳平 1986『法社会学』有斐閣；村山眞維・濱野亮 2019『法社会学〔第3版〕』有斐閣

2　「法と科学」は、どのような学問分野でしょうか。

⇨シーラ・ジャサノフ（渡辺千原・吉良貴之訳）2015『法廷に立つ科学――「法と科学」入門』勁草書房

引用文献

アインシュタイン（湯川秀樹監修）1972「宗教と科学」『アインシュタイン選集3　アインシュタインとその思想』共立出版

マックス・ウェーバー（尾高邦雄訳）1980『職業としての学問』岩波文庫

マックス・ヴェーバー（富永祐治・立野保男訳、折原浩補訳）1998『社会科学と社会政策にかかわる認識の「客観性」』岩波文庫

太田勝造＝ダニエル・H・フット＝濱野亮＝村山眞維編 2009『法社会学の新世代』有斐閣

サミール・オカーシャ（廣瀬覚訳）2008『科学哲学』岩波書店

トーマス・クーン（中山茂訳）1971『科学革命の構造』みすず書房

ベーコン（服部英次郎訳）2005「ノヴム・オルガヌム」『学問の進歩／ノヴム・オルガヌム』河出書房新社

カール・ポパー（藤本隆志ほか訳）1980『推測と反駁――科学的知識の発展』法政大学出版局

● コラム ●

数学と法

　数学は、「数と図形を基礎として、これらを抽象化・一般化して得られた諸概念から論理的に組み立てられた知識体系であり、個人の信条や信仰、性別、国籍などとは関係なく、万人に共通の文化としての価値を有する。また、そこから導きだされる成果は、時とともに変わることのない人類共通の知的財産であり、いかなる分野に適用してもその分野における現象を探る拠り所となる」とされています（「参照基準　数理科学分野」2013：4頁）。

　法学の試験答案は「数学の答案のように書くと良い」と言われることがあります。たしかに、法学で数や図形が出てくることは稀ですから、一見するとまったく異なる分野のように思われるかもしれません。しかし、数学と法学には論理を非常に重視するという共通点があり、数学の得意な学生が法学の緻密な論理に惹かれることもよくあります。

　とはいえ、数学における証明と法学における証明には大きな相違点もあります。以下では法的三段論法について概観したうえで、法学における論証の特質を考察します。

　三段論法（syllogism）は、もともとは「計算」という意味です。記号で示せば、以下のようになります。

大前提	$P \rightarrow Q$
小前提	$p \rightarrow P$
結　論	$\therefore p \rightarrow Q$

論理学の教科書では、よく以下の例が用いられます。

大前提	人間はいずれ死ぬ存在（mortal）である。
小前提	ソクラテスは人間である。
結　論	したがって、ソクラテスはいずれ死ぬ存在である。

「人間」（＝P）という条件を満たせば、「いずれ死ぬ存在である」（＝Q）

ということが帰結する、という一般論があるとします（大前提）。次に、「ソクラテス」という個別具体的な存在（p）が、「人間」（P）という条件を満たすことが示されたとします（小前提）。大前提と小前提という二つの命題が真であれば、演繹によって、「ソクラテス」は「いずれ死ぬ存在である」ことが論証されます。

　法学における論証も、原則としてこの論理構造によって表現することが可能です。法的三段論法の仕組みは、以下のように示すことができます（参照、大村 2019：188 頁）。

大前提　　P（要件）→ Q（効果）：法解釈

小前提　　p（事実）→ P（要件）：あてはめ（事実認定・事実の評価）

結　論　　∴ p → Q

　例えば、「詐欺による意思表示は取り消しうる」という法規範があるときに（参照、民法 96 条 1 項）、「Ａさんの意思表示は詐欺による」と示すことができれば、「Ａさんの意思表示は取り消しうる」ということが論証されます。

　もっとも、法学における論証は決して論理的な演算のように機械的に導ける場合ばかりではありません。まず、P → Q という大前提を確定するには、条文の文言を法の趣旨に遡って解釈し、膨大な判例法理の分析が必要になることがあります。その過程で、解釈主体の法哲学的な立場が大きく影響することもあります。

　そして、p'ではなく、p という事実を認定するためには、綿密な調査を踏まえた丁寧な理由づけが要求されることもありますし、p → P という小前提を示すには、P を法的に分析したうえで事実を法的に評価する必要があります。

　いずれの段階においても、原告側と被告側とでは大きく見解が異なりうるのであり、双方が理由づけの説得力を競うことになります。誰が解いても基本的に答えが一つに定まる数学とは異なり、法学では、理由に説得力さえあれば、違法という結論も合法という結論も、どちらも満点になりえます。**三段論法は、試行錯誤の末によようやく発見された結果を、相手に納得してもらうための説得の技術**、といえるでしょう。この意味で、法的三段論法は「正当化のプロセス」であり、「裁判所や法解釈学者の主観的ないし恣意的な法

的価値判断の結果を、論理必然の推論であるかのように見せかけるものでしかない」（太田 2020：29頁）という指摘もあります。

　数学と法学の相違点を指摘した文章として、次の言葉がよく知られています。

Oliver Wendell Holmes, Jr. 1881, *The Common Law*, p. 1[49]

　法の生命が論理であったことはなく、それは常に経験であった。その時代に感じられる必要性、広く認められた道徳理論や政治理論、意識されるか否かにかかわらず用いられる公共政策上の直感、さらには裁判官が同時代人と共有する偏見さえもが、人々に対して適用される法規範を決定する上で、三段論法などよりはるかに重要であった。法は何世紀にもわたる国家発展の歴史を具現したものであり、あたかも数学の書物の中の公理と定理のみからなるもののように扱うことはできない。

　三段論法においては大前提をどう決めるかが決定的ですが、「その大前提は、数学における公理とは違って、法律家によって変えられる」（川島 1987：5頁）との指摘もあります。数学と同様に厳密な論理を重視しつつも、その背景に道徳理論や政治理論、そして哲学的考察が深く関わっており、「自由」をはじめとする人間存在の本質を常に考え続けねばならない点に、法学の難しさと魅力があるといえるでしょう。

引用文献

太田勝造編 2020『AI 時代の法学入門——学際的アプローチ』弘文堂
大村敦志 2019『新基本民法2　物権編——財産の帰属と変動の法〔第2版〕』
　　有斐閣
川島武宜 1987『「科学としての法律学」とその発展』岩波書店

---

49)　http://www.gutenberg.org/files/2449/2449-h/2449-h.htm（2022 年1月28日アクセス）
　　翻訳は筆者による。

性規範から自由になれるか
ジェンダー・セクシュアリティと法

第**14**章

　ここからは、現代的な課題に視点を移していきます。本章は、ジェンダー・セクシュアリティをめぐるさまざまな性規範からの自由について考えます。まず、ジェンダーやセクシュアリティとは何か、基本用語を確認した後、同性婚や婚姻制度について考えます。

┃ディスカッション・クエスチョン┃

1　国会議員、大学教員、学生などの男女比の偏りは是正すべきでしょうか。

2　LGBTQ＋やSOGIとは、どういう意味でしょうか。

3　日本国憲法は、同性婚を禁止しているでしょうか。婚姻制度は何のためにあるのでしょうか。

1　ジェンダー法学——オランプ・ドゥ・グージュ、ボーヴォワール

　「法の下の平等」という考え方は古代ギリシャに遡る歴史を持ちますが、人権宣言等に用いられる Man, homme という言葉には男性という意味があり、実際には男性の間の平等しか考えられていなかった、という現実があります。そのような現実を批判すべく、18世紀の市民革命期において、**第一次フェミニズム**と呼ばれる女性の権利運動が起こりました。

　オランプ・ドゥ・グージュは、フランス人権宣言（人及び市民の権利宣言）を批判する形で、「女性及び女性市民の権利宣言」を書きました。

オランプ・ドゥ・グージュ 1791「女性及び女性市民の権利宣言」オリヴィエ・ブラン（辻村みよ子訳）1995『女の人権宣言——フランス革命とオランプ・ドゥ・グージュの生涯』岩波書店、270頁

1条　女性は、自由なものとして生まれ、かつ、権利において男性と平等な

> ものとして生存する。

　ジェンダー概念が案出される以前、性別は生まれたときに決定している所与のものであり、その後に変わることはない、と考えられていました。これに対し、1960 年代以降の**第二次フェミニズム**は、男女という性別のなかには、**生物学的な性**（セックス）と、**社会的・文化的な性**（ジェンダー）があることを示しました。女性や男性に求められる社会的役割、ふさわしい態度、振る舞い方を含む「女らしさ」「男らしさ」は、何ら自然的な基礎を持つわけではなく、時代や社会によってさまざまに変化する、変容可能なものであることが明らかになりました（犬伏ほか 2021：3 頁）。ボーヴォワールは、次のように述べています。

> シモーヌ・ド・ボーヴォワール（中嶋公子・加藤康子監訳）1997［原書 1949］
> 『第二の性 II　体験』新潮社、11 頁
> 　人は女に生まれるのではない、女になるのだ。

　私たちが生きている社会には、さまざまな**ジェンダー・バイアス**（性にまつわる偏り、固定観念、偏見）があります（三成ほか 2019：3 頁）。例えば、大学教授には男性と女性のどちらが多いでしょうか。皆さんが専攻する分野において、学生の男女比率はどうなっているでしょうか。皆さんが関心のある職業については、どうでしょうか。政治家、法律家、医師、聖職者、自衛隊員、看護師、保育士など、社会のさまざまな場にみられる男女比率の偏りは、どのように評価されるべきでしょうか。民法 750 条は「夫婦は、婚姻の際に定めるところに従い、夫又は妻の氏を称する。」とし、男性の氏でも女性の氏でもどちらでも選択可能ですが、女性の氏を選択するカップルの割合はどのくらいでしょうか。

　もしもすべての人が完全に自由な意思で進学先や就職先、結婚後の氏を選び、自由に生き方を選択して自己実現した結果、たまたま男女比に偏りが生じている、ということであれば、何ら問題視すべきことではないとも考えられます。すべての人を性別に関係なく等しく扱うべきなので、男女比に着目すること自体に否定的な立場もあります。ただ、もしも人々が意識しないうちに社会に根強く存在しているジェンダー・バイアスに囚われている結果と

して男女比率が偏っているのであれば、社会に潜む構造的差別や間接差別を問題にするべきだ、という考え方も成り立ちます（参照、辻村 2011）。

ジェンダー法学は、「我々の日常生活を取り巻く法の世界に潜む性差別や性差に由来する偏見と固定観念——これをジェンダー・バイアスと呼ぶ——を明らかにし、ジェンダーに敏感な視点から、既存の法学を捉え直すとともに、男女共同参画社会の推進のために必要とされる政策や立法のあり方について広く検討することを目的」とします（小竹 2016：13 頁）。ジェンダー法学は、女性と男性の非対称性あるいは支配 / 被支配の権力構造、家父長制、格差の連続性などに着目し、「女性の人権」を軸に、家族、労働、社会保障、教育、暴力、生殖、国家、戦争、国際人権など、幅広い対象に対し、これまで当然とされてきた前提を疑う根源的な問いかけを提起しています。

ジェンダー・バイアスのほとんどは常識として受け入れられているものであり、長い間当然のように受け入れてきた自分自身の価値観を見直すことは本当に難しいことです。ジェンダー・バイアスに基づいた法制度が人の自由を不当に抑圧していないか、注意深く吟味する必要があります。例えば、スポーツでは男女別に競技を行うべきでしょうか。それはなぜでしょうか。双方の立場からディスカッションしてみてください（参照、飯田ほか 2018；早川 2021：第 10 章〔南野森〕）。

2　二分論批判——フーコー、バトラー

セクシュアリティ研究は、フーコーによって始まった、と言われています。

ミシェル・フーコー（渡辺守章訳）1986［原書 1976］『性の歴史 I　知への意志』新潮社、192 頁

　まさに、この前提となる性という考え自体が、検討なしには受け入れることのできないものなのだ。「前提となる性」というものは、現実の中で、「性的欲望（セクシュアリティ）」の発現を支える定着点なのか、それとも性的欲望の装置の内部で歴史的に形成された複雑な観念なのであるか。いずれにせよ、いかにしてこの「前提となる性」の観念が権力の様々な戦略を通じて形成されてきたか、それがどのような特定の役割を演じてきたかは、説明することができるはずだ。

バトラーは、フーコーを引用しつつ、生物学的な性（セックス）と、社会的・文化的な性（ジェンダー）という二分論を根底から批判しています。

ジュディス・バトラー（竹村和子訳）2018［原書 1990］『ジェンダー・トラブル——フェミニズムとアイデンティティの攪乱』青土社、28-29 頁

　セックスの自然な事実のように見えているものは、じつはそれとはべつの政治的、社会的な利害に寄与するために、さまざまな科学的言説によって言説上、作り上げられたものにすぎないのではないか。セックスの不変性に疑問を投げかけるとすれば、おそらく、「セックス」と呼ばれるこの構築物こそ、ジェンダーと同様に、社会的に構築されたものである。実際おそらくセックスは、つねにすでにジェンダーなのだ。そしてその結果として、セックスとジェンダーの区別は、結局、区別などではないということになる。

バトラーは、自然的身体とされてきたセックスも、徹底的に文化的な出来事である、といいます。

前節で紹介したジェンダー法学は、女性と男性の非対称性に着目します。これに対し、「セクシュアリティと法」においては、男性と女性という二分法、そしてセックスとジェンダーの二分法を批判的に捉えて「性の多様性」を強調し、性的マイノリティや LGBT を主たるテーマとして論じます（谷口ほか 2017）。現在では、性について以下の 4 つの視点から分析することが一般的です。

（1）**身体の性**（sex）は外性器、内性器、性染色体や性ホルモンといった身体的特徴に基づく性を指し、「生物学的性」と呼ばれることもあります。多くの場合、出生時に身体的特徴から割り当てられます。

（2）**性自認**（gender identity）は、自分が自分自身の性をどのように捉えているかであり、男と思う、女と思う、どちらでもない、どちらでもある、分からない、日によって割合が変わる、揺れ動くなど、非常に多様です。

（3）**性的指向**（sexual orientation）は、どの性の人を恋愛・性愛対象に持つかであり、異性愛、同性愛、両性愛、誰も対象とならない、恋愛感情は抱いても性の対象とは考えないなど、非常に多様です（誰にも性的魅力を感じないアセクシュアルについて、参照、デッカー 2019）。

（4）**性表出・ジェンダー表現**（gender expression）は、本人がどのようなジェンダーを表現したいかということであり、女らしい、男らしい、両方の、

あるいはいずれでもない服装やしぐさ、言葉遣いなどを指します。

　これらはいずれも二元的にはっきりと分けられるようなものではなく、多種多様な軸のなかのグラデーションとして捉えられ、固定している場合もあれば、変動し続ける場合もあります。また、(1) ～ (4) はいずれも独立しており、人によって、性のあり方は非常に多様です。自分のことを男性・女性のいずれでもないと思う人が「X ジェンダー」という自称を用いることは、日本から始まりました。

　ところで、かつて『広辞苑〔第 7 版〕』(岩波書店、2018) に掲載された次の説明には、誤りがあります。「LGBT：レズビアン、ゲイ、バイセクシャル、トランスジェンダーの頭文字。多数派とは異なる性的指向をもつ人々。」この説明に対し、どこがどのように誤っているか、指摘することはできるでしょうか。

　この記述は、レズビアン（**女性に性的指向をもつ女性**）、ゲイ（**男性に性的指向をもつ男性**）、バイセクシャル（**女性・男性の両性に性的指向をもつ人**）の説明としては誤りとはいえません。しかし、トランスジェンダー（**性自認が出生時に割り当てられた性別とは異なる人**）の説明としては誤っています。トランスジェンダーは性的指向とは無関係ですから、当事者からの指摘を受け、広辞苑の記述は修正されました（その経緯について、遠藤 2020：24 頁以下）。

　修正後の説明は、次の通りです。

『広辞苑〔第 7 版〕修正版[50]』

エル‐ジー‐ビー‐ティー【LGBT】

①レズビアン・ゲイ・バイセクシャルおよびトランスジェンダーを指す語。
　GLBT

②広く、性的指向が異性愛でない人々や、性自認が誕生時に付与された性別
　と異なる人々。

　性的指向（sexual orientation）と**性自認**（gender identity）の頭文字をとって、**SOGI** という言葉も用いられます。LGBT が当事者を表すのに対し、SOGI は「ひとの属性」を表します。SOGI は身体的性別と性自認が一致するシス

---

50)　「『広辞苑　第 7 版』読者の皆様へ」https://www.iwanami.co.jp/news/n23284.html（2022 年
　　1 月 28 日アクセス）

ジェンダーも、両者が一致しないトランスジェンダーも含み、異性愛・同性愛・両性愛など、あらゆる性的指向を含みます。ここではすべての人が当事者です（犬伏ほか 2021：7 頁）。

　近年では、LGBT に Q（クエスチョニング、クィア）を加え、さらにその他にも多様なセクシュアリティのあり方があるという意味で、**LGBTQ＋**という表現がよく用いられます[51]。クエスチョニングとは、自身の性自認や性的指向が定まっていない、もしくは意図的に定めていないセクシュアリティを指します。**クィア**（**Queer**）とは、もともと「奇妙な」「変な」「普通でない」という意味の蔑称でしたが、それを逆手に取って、当事者が性的マイノリティすべてを包括する総称として抵抗や連帯の合言葉として用いるようになり、ジェンダー・セクシュアリティを学問的に論じる**クィア・スタディーズ**に発展しました（参照、菊地ほか 2019）。

　クィア・スタディーズにおいては、①レズビアンやゲイに固有の問題がまとめて同一視されたり、不可視化されてしまう現状への批判、②おもにレズビアンをめぐるジェンダーの権力的非対称性による階層秩序の問題化、③セクシュアリティに対する焦点化によって見落とされる人種・階級などとセクシュアリティとの交差（intersectionality）という視点、④異性愛／同性愛の二元論的な考え方によって排除されてしまう両性愛やトランスセクシュアリティに対する視点を含めるような非性別二元論的な思考（綾部・池田 2019：ii 頁）が強調されます。

3　婚姻制度は何のためにあるか——Obergefell v. Hodges、堀江有里

　以上を踏まえて、同性婚について考えてみたいと思います。かつて同性愛は精神疾患として扱われたこともありましたが、現在では同性愛を精神疾患とすることには根拠がないことが明らかになっており、アメリカ精神医学会の診断基準は 1973 年の改定で「主観的苦痛を伴わない同性愛は治療の対象ではない」と診断基準を改めました[52]。

　婚姻について、憲法は以下のように規定しています。

51）　分かりやすい説明として、パレットトーク 2021。さらに、インターセックス（I）とアセクシュアル（A）を加えた LGBTQIA＋ という言葉もあります。

52）　映画『ある少年の告白』（2018）は、アメリカにおける同性愛矯正施設の闇を描いています。

> 日本国憲法 (1946)
>
> 24条1項　婚姻は、両性の合意のみに基いて成立し、夫婦が同等の権利を有することを基本として、相互の協力により、維持されなければならない。

　「両性」という文言を根拠として、日本国憲法は同性婚を禁止している、と説かれることがあります。もしそうだとすれば、日本で同性婚を認めるには、憲法96条の定める憲法改正の手続きが必要になります[53]。

　しかし、この条文のもとになった草案を作成した連合国軍総司令部（GHQ）のベアテ・シロタ・ゴードンの意図は、明治時代に婚姻が親や戸主の意向のまま、女性の意向を無視して決められることが多かった、という事実を踏まえ、女性の意思を尊重し、女性の権利を確立することにあった、と言われています（二宮 2013：31頁）。1946年に日本国憲法が制定された当時、性的指向に基づく差別の問題は十分に議論されていませんでした。そのため、憲法24条は同性婚を念頭に置いた規定になっていませんが、同性婚を禁止する趣旨を読みとることもできません。

　人が自己の性的指向に基づいてパートナーと親密な関係を形成し共同生活を営むことを個人の尊厳（憲法13条）として保障すべきだとすれば、同性カップルを異性カップルと区別すべきでない、という議論が導かれます。個人の尊重という日本国憲法の基本理念に遡り、「両性の合意のみ」という部分を「男性・男性」や「女性・女性」も含むものと解釈するならば、憲法24条を改正せずとも、同性婚を合法化することは可能といえるでしょう（法の趣旨に基づく解釈、⇨第1章）。憲法24条はあくまで異性婚についての条文と解するとしても、だからといって同性婚を禁止するものと読むことは難しいと思われます。

　さらに、異性カップルにだけ婚姻を認め、同性カップルを排除する法制度は憲法に照らして問題がある、という主張もなされています。2021年3月には、日本の裁判所で同性婚の不受理を憲法14条1項の平等原則違反とする初めての判断がなされました[54]。

---

53)　憲法96条1項「この憲法の改正は、各議院の総議員の三分の二以上の賛成で、国会が、これを発議し、国民に提案してその承認を経なければならない。この承認には、特別の国民投票又は国会の定める選挙の際行はれる投票において、その過半数の賛成を必要とする。」

　2015年、アメリカ連邦最高裁は、オーバーガフェル判決において、同性婚の禁止及び他州での効力を否定する諸規定を合衆国憲法第14修正のデュー・プロセス及び平等保護に反し、違憲であると判示しました。

Obergefell v. Hodges, 135 S.Ct. 2584, at 2608 (2015)[55]

　婚姻ほど深遠な結びつきはない。婚姻は、愛、貞節、献身、自己犠牲及び家族の最高の理想を内包するからである。婚姻という結びつきを形成することによって、2人はそれ以前とは異なるより大いなる存在となる。本件上告人らが示したように、婚姻は死を超えてもなお存続する愛を内包している。これらの男性たちや女性たちを、婚姻という考え方を軽蔑する者たちというのは誤解である。彼ら・彼女らの主張は、彼ら・彼女らは婚姻を尊重しており、非常に深く尊重しているので彼ら・彼女らにも婚姻の成就を要求する、というものなのである。

　この判決は婚姻制度に特別な意義を見いだしていますが、さまざまな批判もありえます。例えば、結婚しない人は結婚している人よりも劣っているのか、なぜ2人の結びつきだけが法的に尊重されるべきなのか、家族という親密な関係のあり方だけを理想化するのは一方的ではないか、といった疑問が提起されています（参照、谷口ほか2017：137頁〔綾部六郎〕）。このような疑問を徹底すると、結婚する人としない人、結婚できる人とできない人との間に生じる差別をなくすため、婚姻制度を廃止すべきである、という主張にもつながっていきます。**婚姻廃止論**の背景には、家父長制的な戸籍制度・婚姻制度への批判とともに、1対1の異性愛関係のみを「善」「正常」とし、暗黙のうちにそれ以外の性／生のあり方を「悪」「異常」「不完全」なものとしてスティグマ化する「（ヘテロ）セクシズム」への批判があります（同性婚や婚姻制度廃止論をめぐる法哲学的な考察として、松田2018）。

　ここでも、法の趣旨（⇨第1章）に遡って考えてみましょう。婚姻制度は、何のためにあるのでしょうか。これに関連して、重婚はなぜ禁止されるか[56]、という問いがあります。重婚禁止の保護法益は、一夫一婦制であるとされて

---

54)　札幌地裁判決令和3（2021）年3月17日、判例時報2487号3頁。

55)　翻訳は筆者による。

56)　参照、民法732条「配偶者のある者は、重ねて婚姻をすることができない」。刑法184条「配偶者のある者が重ねて婚姻をしたときは、2年以下の懲役に処する。その相手方となって婚姻をした者も、同様とする」。

います。では、なぜ一夫一婦制を守る必要があるのでしょうか。1対1の男女間における排他的な恋愛・結婚関係こそが正常であり、他の関係よりも優先されるべきであるという前提（「異性愛規範性（heteronormativity）」・「性愛規範性（amatonormativity）[57]」）は、友人関係や他のケア関係の価値を不当に貶め、とりわけゲイ・レズビアンへの抑圧、女性への抑圧と重なって法外な負担をもたらしている、と厳しく批判する見解もあります（参照、ブレイク 2019）。

それでは、1対1ではなく、3人以上の同棲生活にも法的保護を与えるべきでしょうか。例えば、男性A、女性B・Cが3人で共同生活を始め、生活費の負担について取り決めていたが、Cが負担せず共同生活から離脱したため、A・BがCに立て替えた分の支払いなどを求めた事件があります。裁判所は「婚姻や内縁といった男女間の共同生活は、本来、相互の愛情と信頼に基づき、相手方の人格を尊重することにより形成されるべきものであり、それ故にこそ、その共同生活が人間社会を形づくる基礎的単位として尊重されるのである。［……］このような人間相互の愛情と信頼及び人格の尊重は、その本質からして、複数の異性との間に同時に成立しうることはありえない」とし、3人の同棲生活は「単に好奇心と性愛の赴くままに任せた場当たり的で、刹那的、享楽的な生活」であり、「健全な性道徳に悖り、善良の風俗に反する反社会的な行為といわざるを得ず、社会的にも法的にも到底容認されるものではないから、生活費負担の合意も公序良俗違反で無効[58]」としました。

この裁判例の立場は説得的でしょうか。また、この裁判例からすると、他者に性的欲求を抱かないアセクシャルの数名が共同生活を行う場合はどのように考えるべきでしょうか。「排他性が『性的にも愛する』ということに起因するのであれば、性的な営みを伴わない場合には、複数者の共同生活を保障してもよいという結論は成り立ちうる」（二宮 2013：31頁）とする学説もあります。

いずれの立場に立つ場合でも、法の趣旨に遡って説得的な議論を組み立てる必要があります。

---

57) 訳者による訳語選択の背景について、https://hakutakusha.hatenablog.com/entry/2021/03/18/171121（2022年1月28日アクセス）

58) 東京高判平成12（2000）年11月30日判タ1107号232頁。

　また、子の最善の利益（参照、子どもの権利条約 3 条 1 項）という観点もあ
ります。子どもにとって、親の法律婚にはどのような意味があるのでしょう
か。何が子の最善の利益なのか、誰がどのように判断すべきなのでしょうか。
ここでも、一夫一婦制に基づく伝統的な家族を重視する立場と、多様な家族
のあり方を認めるべきとする立場とが厳しく対立しています。

　最後に、以上のような法的な議論の立て方そのものが内包する流動的、権
力的、暴力的側面を鋭く指摘する文章を紹介します。

堀江有里 2015『レズビアン・アイデンティティーズ』洛北出版、206-207 頁
　「セクシュアル・マイノリティ」とは、性別二元論と異性愛主義というふ
たつの規範から外れた存在を表す記号でしかない。[……] 性的なマジョリ
ティとマイノリティという境界線は、その人びとが属している社会の文脈の
なかで、たえず変化しつづける。セクシュアル・マイノリティを規定する性
別二元論や異性愛主義という社会規範は、さまざまな現象として、社会に立
ち現れる。わたしたちの社会は、「逸脱」を括りだすことによって、そこか
ら逆照射するかたちで「正統」なるものを確定するが、そのプロセスは、つ
ねに時代の産物にすぎない。そのために、何を「逸脱」とし、そこから何を
「正統」として導き出すか、そして、それらの峻別にどのような理由づけが
なされるのかは、つねに流動的である。そして、権力的であり、暴力的でも
ある。

　婚姻制度、さらに家族制度は何のためにあるか、法制度がどのような権力
性や暴力性を持っているのか、ディスカッションを通してさまざまな観点か
ら掘り下げてみてください（婚姻制度に対する堀江の〈反婚〉思想につき、堀江
2015：第 6 章）。

探究課題

1　マイクロアグレッションとは何でしょうか。
⇨デラルド・ウィン・スー（マイクロアグレッション研究会訳）2020『日常生
活に埋め込まれたマイクロアグレッション ―― 人種、ジェンダー、性的指向：
マイノリティに向けられる無意識の差別』明石書店

2　多様なセクシュアリティが多様なまま共生する社会の実現のために、法はどのような役割を果たすべきでしょうか。
⇨日本法哲学会編 2003『ジェンダー、セクシュアリティと法』有斐閣；二宮周平編 2017『性のあり方の多様性——一人ひとりのセクシュアリティが大切にされる社会を目指して』日本評論社

引用文献

綾部六郎・池田弘乃編著 2019『クィアと法——性規範の解放／開放のために』日本評論社

飯田貴子・熊安貴美江・來田享子編著 2018『よくわかるスポーツとジェンダー』ミネルヴァ書房

犬伏由子・井上匡子・君塚正臣編 2021『レクチャー ジェンダー法〔第2版〕』法律文化社

遠藤まめた 2020『ひとりひとりの「性」を大切にする社会へ』新日本出版社

小竹聡 2016「憲法と同性婚——ジェンダー法学のすすめ」『法学セミナー』737号

菊地夏野・堀江有里・飯野由里子編著 2019『クィア・スタディーズをひらく1 アイデンティティ、コミュニティ、スペース』晃洋書房

谷口洋幸ほか編 2017『セクシュアリティと法——身体・社会・言説との交錯』法律文化社

谷口洋幸編著 2019『LGBTをめぐる法と社会』日本加除出版

辻村みよ子 2011『ポジティヴ・アクション——「法による平等」の技法』岩波書店

辻村みよ子 2016『概説ジェンダーと法——人権論の視点から学ぶ〔第2版〕』信山社

ジュリー・ソンドラ・デッカー（上田勢子訳）2019『見えない性的指向アセクシュアルのすべて——誰にも性的魅力を感じない私たちについて』明石書店

二宮周平 2013『家族法〔第4版〕』新世社

ジュディス・バトラー（竹村和子訳）2018『ジェンダー・トラブル——フェミニズムとアイデンティティの攪乱』青土社

パレットーク 2021『マンガでわかるLGBTQ＋』講談社

早川吉尚編 2021『オリンピック・パラリンピックから考える　スポーツと法』

有斐閣、第 10 章〔南野森〕

ミシェル・フーコー（渡辺守章訳）1986『性の歴史 I　知への意志』新潮社

オリヴィエ・ブラン（辻村みよ子訳）1995『女の人権宣言——フランス革命と
　　オランプ・ドゥ・グージュの生涯』岩波書店

エリザベス・ブレイク（久保田裕之監訳）2019『最小の結婚——結婚をめぐる法
　　と道徳』白澤社

シモーヌ・ド・ボーヴォワール（中嶋公子・加藤康子監訳）1997『第二の性 II
　　体験』新潮社

堀江有里 2015『レズビアン・アイデンティティーズ』洛北出版

松田和樹 2018「同性婚か？　あるいは婚姻制度廃止か？——正義と承認をめぐ
　　るアポリア」『国家学会雑誌』131 巻 5・6 号

三成美保ほか 2019『ジェンダー法学入門〔第 3 版〕』法律文化社

SNS を規制すべきか
メディア・コミュニケーションと法

現代に生きるわれわれは、どのように情報を得て、自由に思考していくことができるのでしょうか。本章は、言論・出版の自由に関する古典から出発して、スマートフォン時代におけるメディアについて検討します。メディア論やカルチュラル・スタディーズの視点に触れつつ、フェイク・ニュース規制について考えてみましょう。

■ディスカッション・クエスチョン■

1 異端の教説は、発禁処分にすべきでしょうか。

2 メディアは、「社会的現実」を人々に伝える媒介といえるでしょうか。

3 フェイク・ニュースが拡散することを防ぐため、SNS 事業者に削除を命令し、従わない者は処罰するべきでしょうか?

1 言論・出版の自由——ミルトン

まず、異端の教説を発禁処分にすることに断固反対し、言論・出版の自由を高らかに主張した古典的名著を読んでみましょう。

> ミルトン（原田純訳）2008［原書 1644］『言論・出版の自由——アレオパジティカ』岩波文庫、39-40 頁、45 頁、73 頁
>
> 善であれ悪であれ、成人のあらゆる行いがすべて許可、規制および強制に置かれるなら、徳はただ名前だけとなり、善行は賞賛に値しないものとなります。誠実、公正あるいは克己の意味がなくなります。神がアダムに罪を犯させたと、神の摂理を多くの人が非難します。愚かなことを言う者よ。神がアダムに理性を与えたとき、神は選択の自由を与えたのです。理性は選択にほかなりません。そうでなければアダムはただの操り人形だったことになります。

　　われわれは強制でなされる服従、愛あるいは贈り物を評価しません。神は
　人間を自由に創造し、誘惑をいつも人間の目に見えるように置いたのです。
　ここに人間の真価があり、ここに人間が神に褒められる権利、節制の賞賛が
　あります。神がどんな目的でわれわれに情欲を、またわれわれのまわりに快
　楽をつくったか。その理由は、これらが正しく調合されるなら、徳の成分に
　なるからであります。[……]

　　議員諸氏よ、金銭ずくの衒学者ではなく、学問を研究し愛するために生ま
　れてきた、自由にして誠意ある人たちの心をくじき、不満をいだかせるよう
　なことはしないでいただきたい。この人たちは金儲けその他の目的ではなく、
　神と真理への奉仕のため、またおそらくは発表する著作によって、人類の幸
　福を促進する者へ、神と良き人たちが同意している永遠の名声と賞賛のため
　に学問をしています。人並みの信用があり、何ら不都合のない人を、分派や
　腐敗の原因をつくるといって恐れ、その人の判断や誠実を信用せず、教師や
　試験官なしで考えを出版する資格はないとするのは、自由にして学問を知る
　人に対する最大の不快事であり、侮辱であることをあなたがたに知っていた
　だきたい。[……]

　　すべての教義が解き放たれ、あらゆる風が掻き立てても、真理が地に確固
　とあれば、真理を怪しむ出版検閲や発禁など不当であります。真理と虚偽を
　組み打ちさせよ。自由にして公然と開かれた対決場で、真理が負けた例があ
　りましょうか。

　ミルトンは、異端の教説であっても、決して検閲を行ったり発禁処分にし
たりしてはならない、と主張しています。そこには、真理と虚偽とが正々
堂々と自由に争うならば必ず真理が勝つ、という確固たる信念が見て取れま
す。さらに、神は人間を自由な存在として創造したのだから、規制や強制を
すべきでない、という聖書的な理由づけも注目されます（⇨第1章）。

　「真理と虚偽を組み打ちさせよ」という主張は、**思想の自由市場論**にもつ
ながっていきます。これは、自由な市場において競争させれば結局のところ
優れた商品が生き残るのと同じように、自由な言論市場において競争させれ
ば真理が生き残るはずだから、政府による規制に反対するという考え方です。
皆さんは、このような考え方に賛成するでしょうか。

　ミルトンの時代は基本的に紙媒体でしたが、インターネットの発達した現

代社会においては、メディアから正確な情報を得て自由に考えるということが、より根元的な意味において非常に困難になってきています。次節ではメディア論やカルチュラル・スタディーズの問題意識を踏まえ、人間はどのようにして自由にものを考えることができるのか、掘り下げて考えてみたいと思います。

2　メディア論からカルチュラル・スタディーズへ──マクルーハン、ホール、吉見俊哉

　20世紀前半頃、メディアの送り手に焦点をおいた**ジャーナリズム論**、そして、メディアの受け手に対する効果や影響を研究する**マスコミュニケーション論**という2つの研究潮流が形成され、第二次世界大戦後にアカデミックな知として制度化されました（伊藤 2009：3頁）。

　これに対し、マクルーハンの**メディア論**は、メッセージを伝達する媒体としてのメディアという前提を根本から問い直した、と言われています。

> M. マクルーハン（栗原裕・河本仲聖訳）1987［原書1964］『メディア論──人間の拡張の諸相』みすず書房、7頁
>
> 　われわれの文化は統制の手段としてあらゆるものを分割し区分することに長らく慣らされている。だから、操作上および実用上の事実として「メディアはメッセージである」などと言われるのは、ときにちょっとしたショックになる。このことは、ただこう言っているにすぎない。いかなるメディア（すなわち、われわれ自身の拡張したもののこと）の場合でも、それが個人および社会に及ぼす結果というものは、われわれ自身の個々の拡張（つまり、新しい技術のこと）によってわれわれの世界に導入される新しい尺度に起因する、ということだ。［……］多くの人は、機械ではなくて、人が機械を使ってなすことが、その意味あるいはメッセージだったのだ、と言いたいであろう。しかし、機械がわれわれ相互の、あるいは自身に対する関係を変えた、その仕方を考えてみれば、機械がコーンフレークを生産しようがキャデラックを生産しようが、そんなことはまったく問題でなかった。人間の労働と人間の結合の再構造化が細分化の技術によって形づけられたのであり、それが機械技術の本質というものだ。［……］
>
> 　電気の光はそれに「内容」がないがゆえに、コミュニケーションのメディ

アとして注意されることがない。そして、このために、それは人々がいかに
メディアの研究をしにくいかを示す貴重な例となっている。電気の光はそれ
がなにか商品名を描き出すのに用いられるまで、メディアであることが気づ
かれないからである。その場合、気づかれるのは光そのものでなく、その
「内容」（すなわち、実際には別のメディアなるもの）である。電気の光のメッ
セージは工業における電気の力のメッセージに似て、まったく根源的で、浸
透的で、拡散的である。電気の光および力はその用途から分離されてもなお、
人間の結合において時間と空間という要因を駆逐するところ、ラジオ、電信、
電話、テレビがまさしくやっているとおりで、深層での関与を引き起こすか
らだ。

　マクルーハンにおいて、メディアとは単なる情報伝達媒体ではなく、独自
の空間や時間を作り出し、人間の感覚・知覚のバランスや思考のあり方さえ
も規定するものです。**メディアは人間の道具なのではなく、むしろメディア
が人間をつくりだしてきた**、とも言えます。西欧人類文明史において大きな
影響力を持ったメディアとして、(1) アルファベット書字の技術、(2) グー
テンベルク活版印刷の技術、(3) 現代のエレクトロニクスの技術が挙げられ
ます。
　次に、**カルチュラル・スタディーズ**のメディア研究にも触れておきましょ
う。ここでは、「コード化／脱コード化」がキーワードです。

Stuart Hall 1980, Encoding/decoding, in *Culture, Media, Language: Working Papers in Cultural Studies, 1972–79*（Routledge〔Talyor & Francis e-Library, 2005〕初出 1973), p. 119[59]
　メッセージが「効果」を持ったり「需要」を満たしたり「利用」されたり
するには、まずそれが意味ある言説として認知され、さらに意味を持つよう
にデコードされねばならない。こうしてまさにデコードされた意味だけが
「効果を持ち」、影響し、楽しませ、誘導しまた説得するのだが、それも複雑
で多種多様な知覚的、認知的、感覚的、イデオロギー的または行動的な結果
を必ず伴うのである。

---

59)　翻訳は、吉見 2001：60 頁〔山口誠〕による。

「コード化」とは、メッセージの送り手が、「送りたいメッセージを生産─流通─消費のプロセスに組み込んで、ある意味を持たせるために加工すること」（上野・毛利 2000：95 頁）、「脱コード化（デコード）」とは「『コード化』されたメッセージを受け取り、それを視聴者の文脈に置き直して、解読すること」（同 99 頁）とされます。

こうして、メディアは「社会的現実」を複製伝送する機械ではなく、それが作動することによって「社会的現実」を不断に生産していく機関（agents）となります。あるメッセージに対して多様なオーディエンスがそれぞれの〈読み〉を行い、それらが社会的意味をめぐって交渉し、せめぎあう、予測不能なコミュニケーションの過程を通じて「社会的現実」が可能となる（吉見 2001：64 頁〔山口誠〕）、とされます。

このような視点に立つと、メディアは単にメッセージを伝達する媒体ではないし、必ずしも「社会的現実」を媒介して伝えているわけでもありません。言語を獲得する以前と以後では人間の存在論的な地平がまったく異なるように、「メディアを考えるとは、人間が生きる上での基本的な時空間、『存在論的な地平』を構成する媒質として Medium を捉えるということ」（伊藤 2009：11 頁）とされます。

現代においては、特に若い世代を中心として、スマートフォンや SNS が「人間が生きる上での基本的な時空間」になりつつあります。カルチュラル・スタディーズの第一人者による現状分析を読んでみましょう。

吉見俊哉 2019「トランプ時代のカルチュラル・スタディーズ──再定義の試み」『アフター・カルチュラル・スタディーズ』青土社、38-42 頁

かつて新聞やテレビ、大衆雑誌が支配的だった時代、カルチュラル・スタディーズはそこで展開されるテクストが、支配的な読みや対抗的な読み、折衝的な読みに開かれた多層的なものであることを示した。たとえばテレビが支配的な時代には、異なる階級、エスニシティ、ジェンダー、世代の人々が同じ番組やニュースを観ていても、その受容には無数の意味の抗争があることが示された。ところがインターネットは、マス・メディア時代よりもはるかに拡散的な情報回路を成立させる。異なる階級やエスニシティ、ジェンダー、世代の人々が同じ番組を視聴することは少なくなり、それぞれの関心によってばらばらなコミュニケーション世界を生きていく。[……]

　第一に、ここで問題になってくるのは、異なるプラットフォームに媒介されて分立するコミュニケーション世界の間の抗争である。つまり文化的なジャンル間の境界線が薄らぎ、メディアミックスも進む一方で、そのように複合化したメディアの世界は異なる政治・文化的志向の人々の間で分解し、共通の場は失われていく。［……］

　したがって、ここで折衝や排除、包摂が問題となるのは、それぞれのネット空間内の個別の言説の解釈をめぐってだけではない。それ以上に、様々なレベルで分立するサイトやプラットフォーム、複数の言説圏の編成や布置、相互の参照関係や利用者のアクセス履歴、それらの境界やその侵犯に注目しなければならない。当然、ここで問われるのはかつて「エンコーディング／デコーディング」として論じられた個別のテクストよりも、コード、プラットフォーム、アルゴリズム、ソフトウェア等々の概念で指し示されるネット空間のデザインとなる。［……］

　さて、第二の課題は、インターネットに媒介される社会では、ネット上のコミュニケーションが現実の社会的行動に直接転化されやすいことに由来する。バーチャルとリアルの距離は、マス・メディアよりもネットのほうがはるかに近い。［……］ネットの場合、多数の利用者が投稿したり、拡散したりするなかでこそ意味世界が形成される。利用者の社会的行動は、ネット上の発信行為と同時並行的になされ、両者はその当人において連続的である。そのためここでは、利用者たちがその構築に最初から関与しているネット上の「現実」が、容易にネット外の社会的行動に転化され、現実世界を覆っていくことになる。

　この文章が指摘するように、メディアの世界は異なる政治・文化的志向の人々の間で分解して共通の場が失われており、ネット上に多数の利用者が投稿したり拡散したりするなかでこそ意味世界が形成されつつあります。このような問題意識を踏まえつつ、次節ではフェイク・ニュース規制について考えてみたいと思います。

3　事例問題——フェイク・ニュース規制

> **事例問題（「令和元年司法試験公法系科目」第1問より抜粋）**
>
> 　近年、いわゆるソーシャル・ネットワーキング・サービス（以下「SNS」という。）の普及に伴って、各国において、事実に反する虚偽のニュースが広く伝播することにより、社会に負の影響を及ぼしているのではないかということが問題とされるようになっている。この種のニュースはフェイク・ニュースと呼ばれ、過去に外国の重要な選挙に際して、意図的なフェイク・ニュースの作成・配信が、選挙結果を左右したという研究や報道もなされている。
>
> 　20XX年、我が国においても、甲県の化学工場の爆発事故の際に、「周囲の環境汚染により水源となる湖が汚染されて、近隣の県にも飲料水が供給できなくなる。」という虚偽のニュースがSNS上で流布され、複数の県において、飲料水を求めてスーパーマーケットその他の店舗に住民が殺到して大きな混乱を招くこととなった。また、乙県の知事選挙の際に、「県は独自の税を条例で定めて県民負担を増やすことを計画している。」という虚偽のニュースがSNS上で流布され、現職知事である候補者が落選したことから、選挙の公正が害されたのではないかとの議論が生じた。このような状況に鑑み、我が国でも、A省において、虚偽の表現の流布を規制する「フェイク・ニュース規制法」の立法を検討することとなった。現在、A省においては、①虚偽の表現を流布することを一般的に禁止及び処罰するとともに、②選挙に際して、その公正を害するSNS上の虚偽の表現について、独立行政委員会がSNS事業者に削除を命令し、これに従わない者を処罰することなどを内容とする立法措置が検討されている。

　ここに掲げたのは架空の事例ですが、フェイク・ニュースは国内外で喫緊の現実的課題となっています。ある研究によると、日本では少なくとも年間100件程度のフェイク・ニュースが発生しており、約75%の人が信じてしまっているようです[60]。皆さんは、①と②のそれぞれについて、立法措置に賛成するでしょうか？

　フェイク・ニュースは深刻な問題を引き起こすため、何らかの規制を行う

必要があると考える場合でも、法的にはいくつもの慎重な検討を行う必要があります。

　まず、フェイク・ニュースかどうか、誰がどのように判断することができるのでしょうか？　例えば、ある科学者が新型コロナウィルスに関する研究結果を発表したところ、あまりに常識に反する内容を含んでいたために多くの科学者・政治家・一般市民から批判が殺到し、社会を混乱させるフェイク・ニュースとして処罰されたとしましょう。しかし、その研究結果は、100 年後に科学者の間で支持される見解になるかもしれません。

　冒頭で紹介したミルトンの立場を徹底すれば、虚偽表現であっても一切の検閲は許されず、対抗言論によって反論を行うことで対処すべき、ということになりそうです。しかし、「思想の自由市場」において真理と虚偽とが組み打ちし、真理が明らかになるまでには、一定の時間がかかるのも事実です。フェイク・ニュースによって選挙結果が大きくゆがめられてしまった 100 年後に、さまざまな検証の結果、「あれはやはり虚偽だった」という真理が明らかになったとしても遅すぎる、とも考えられます。そこで、選挙の公正さを保ち、民主主義のプロセスを守るため、極めて悪質なフェイク・ニュースに対しては規制の必要がある、という立場もありうるでしょう。

　ただし、虚偽表現でも「言論」の自由として保護され、「検閲」は禁止する、というのが憲法 21 条の定める大原則です[61]。たとえ虚偽表現といえども、国家が SNS 事業者に削除を命令し、これに従わない者を処罰することには非常に慎重になるべきだと思われます。SNS 情報に基づく個別ユーザーに関する心理的プロファイリング等の規制は可能かもしれませんが、表現そのものに対する内容規制を行うことは難しく、基本的にはフェイク・ニュースに場を提供しているプラットフォーム間の競争や SNS 事業者の自主規制に委ねるべきだ、と指摘されています（詳しくは宍戸ほか 2020：319 頁）。

---

60)　Innovation Nippon 2019 報告書「日本におけるフェイクニュースの実態と対処策」http://www.
　　innovation-nippon.jp/?p=815&fbclid=IwAR2Kcr1ckm68kYW_kDm9RdpXwmQ0aPXDywP8Pm
　　4f4ngI_BKcIXe1gQ0x0J4（2020 年 10 月 14 日アクセス）
61)　日本国憲法 21 条「集会、結社及び言論、出版その他一切の表現の自由は、これを保障する。
　　2　検閲は、これをしてはならない。通信の秘密は、これを侵してはならない。」

探究課題

1　デジタル・デモクラシーとは何でしょうか。

⇨谷口将紀・宍戸常寿 2020『デジタル・デモクラシーがやってくる！――AIが私たちの社会を変えるんだったら、政治もそのままってわけにはいかないんじゃない？』中央公論新社

2　ネット上の誹謗中傷を防ぐため、SNS を規制すべきでしょうか。

⇨『ジュリスト』1554 号（2021 年 2 月号）「特集　インターネット上の誹謗中傷問題――プロ責法の課題」

引用文献

伊藤守編著 2009『よくわかる　メディア・スタディーズ』ミネルヴァ書房

上野俊哉・毛利嘉孝 2000『カルチュラル・スタディーズ入門』ちくま新書

宍戸常寿・大屋雄裕・小塚荘一郎・佐藤一郎編著 2020『AI と社会と法――パラダイムシフトは起きるか？』有斐閣

M. マクルーハン（栗原裕・河本仲聖訳）1987『メディア論――人間の拡張の諸相』みすず書房

ミルトン（原田純訳）2008『言論・出版の自由――アレオパジティカ』岩波文庫

吉見俊哉編 2001『知の教科書　カルチュラル・スタディーズ』講談社選書メチエ

吉見俊哉 2019『アフター・カルチュラル・スタディーズ』青土社

Stuart Hall 1980, Encoding/decoding, in *Culture, Media, Language: Working Papers in Cultural Studies, 1972-79*（Routledge〔Talyor & Francis e-Library, 2005〕初出 1973）

おわりに
──「リベラルアーツの法学」は何を目指すか──

　本書の締めくくりに、一般教育における「リベラルアーツの法学」は何を目指すべきか、専門教育の法学と対比しながら改めて考えてみたいと思います。

　参照基準は、法学を次のように定義しています。

　　　法学は、法を対象とする学問であるが、法は人間社会の規範秩序の一部であり、社会のあり方、人権の保障、社会の安全、経済秩序、紛争の解決などの規範からなり、われわれが社会生活を営む上で不可欠のものであると共に、社会の全般にわたる。法学は、このような法の様々なあり方を明らかにすることを主たる対象とし、人が社会生活を営む上で最も基本的な人と人との関係を規律する規範を主たる対象として様々な角度から考察する学問である。(「参照基準　法学分野」2012：iii 頁)

　ここでも示されている通り、法学の対象は、まさに社会の全般です。法学は「人と人との関係を規律する規範を主たる対象として様々な角度から考察する」ものですが、「リベラルアーツの法学」は、特に他分野との関わりを意識して、幅広い視点から考察することを目指すべきだと考えられます。

　幅広い視野は、専門教育の法学においても非常に大切です。参照基準は、「教養教育と法学専門教育との関係」について次のように述べています。

　　　現実の社会が抱える様々な問題は、単に法的な事象として存在しているわけではなく、政治・経済・文化等が複雑にからまり合った事象として存在しているのが普通である。近年は、科学・技術に関する知識もまた現実の社会の問題を考察する際に必要になってきている。それゆえ、法的な事象を扱おうとする際には、しばしば、政治学・経済学・社会学

などの近接した専門分野の知識を参照することが求められるだけでなく、広く人文・社会科学や自然科学についての理解もまた求められる。幅広い多様な知に触れることが、法的な事象の背景にある人間存在が有する玄妙さや社会や自然の複雑な構造についての多様で立体的な見方を学ぶ機会になるはずである。特にこの観点からは、一般的な教養教育の意義が軽視されてはならない。幅広い多様な知に出会うという意味で、バランスのとれた認識や判断の基礎を形成する機能を持っているからである。

（「参照基準　法学分野」2012：20 頁）

　参照基準が述べるように、リベラルアーツは専門教育の法学のために、とても大きな重要性を持っています。しかし筆者は、「専門教育の準備としてのリベラルアーツ」という位置づけはやや物足りない、と考えます。本書では、専門教育の「準備段階」としての役割を超えて、**リベラルアーツそれ自体を目的として追求**することを意識しました。

　「リベラルアーツの法学」は、一人ひとりが自分自身の生き方を探究する、という目標を有しています。「リベラルアーツの法学」は、大学の4年間を通じて、さらには卒業後もずっと考え続けるような、終わりのない問いかけです。専門課程で役に立つから、あるいは、社会に出てから役に立つからというよりも、まさに自分自身のかけがえのない生き方を追求するために、リベラルアーツを楽しんでいただきたいと思っています。

　人間が自由な人格であるために身につけるべき学芸としての「リベラルアーツの法学」の根幹には、人間の自由に対して法に何ができるのか、という問いがあります。自由であるというのはとても難しいことであり、人間は気づかないうちに色々なものに縛られます。あるものから解放されたと思ってもすぐに、次の目に見えない拘束がやってきます。

エーリッヒ・フロム（日高六郎訳）1951［原書 1941］『自由からの逃走』東京創元社、185 頁

　最近になって、「良心」の重要性は失われてきた。個人生活において力をふるっているのは、いまや外的権威でも内的権威でもないようである。すべての人間は、もしかれが他人の合法的な主張に干渉しないならば、完全に

> 「自由」である。しかしわれわれのみるところによれば、権威はなくなったのではなく、むしろ目にみえなくなっただけである。あらわな権威のかわりに、匿名の権威が支配する。そのよそおいは、常識であり、科学であり、精神の健康であり、正常性であり、世論である。

　私たちが常識、科学、精神の健康、正常性、世論といったさまざまな匿名の権威から自由になり、自分自身の生き方を取り戻すには、どうすれば良いのでしょうか。ここに、**自由のための技法** (artes liberales)」を探究する根源的な意義があります。

　「リベラルアーツの法学」は、直ちに資格試験の点数に結びつくという意味で「役に立つ」ものではありませんが、そもそも「役に立つ」とはどういうことかも含め、自由とは何か、法とは何か、古典を読みながら考えます。すっきりとした答えはいつまで経っても出ませんが、大きな問いに対して正面から向き合い、対話しながらひたすら考え続けます。学生のときにそのような経験をしていることは、答えのない現代的課題に取り組むうえでも、大切になるように思います。

　筆者はこれまでに、東京大学教養学部、東京大学法学部、国際基督教大学教養学部等にて授業を行い、多くの熱心な学生と議論を交わす機会に恵まれました。対話型の双方向授業はまさに真剣勝負であり、学生の皆さんから学ぶことばかりです。本書は、実際の授業において学生から発せられた問いをもとに作成しました。容易に答えの出ない難問に対し、いつも真摯に考え、鋭い議論を展開してくれる学生の皆さん、そして、草稿に対して貴重なコメントをくださったたくさんの方々に、心より感謝したいと思います。

引用文献索引

松田浩道（まつだ ひろみち）

兵庫県に生まれる

2009 年　東京大学法学部卒業
2011 年　東京大学大学院法学政治学研究科法曹養成専攻修了
　　　　　（法務博士）
同　　年　東京大学大学院法学政治学研究科助教
2013 年　Columbia Law School 修了（LL.M.）
2015 年　東京大学大学院法学政治学研究科講師
2016 年　国際基督教大学教養学部助教
2019 年　東京大学大学院法学政治学研究科より論文博士号を
　　　　　取得，博士（法学）。
現　　在　国際基督教大学教養学部准教授

〔主要著作〕
『国際法と憲法秩序──国際規範の実施権限』（東京大学出版
　会，2020）
『法学入門』（共著，北樹出版，2019）

リベラルアーツの法学　自由のための技法を学ぶ

2022 年 3 月 15 日　初　版

［検印廃止］

著　者　松田浩道
　　　　まつだ ひろみち

発行所　一般財団法人　東京大学出版会
　　　　代表者　吉見俊哉
　　　　153-0041 東京都目黒区駒場4-5-29
　　　　http://www.utp.or.jp/
　　　　電話 03-6407-1069　Fax 03-6407-1991
装　幀　阿部卓也
組　版　有限会社プログレス
印刷所　株式会社ヒライ
製本所　牧製本印刷株式会社

©2022 MATSUDA Hiromichi
ISBN 978-4-13-032395-6　Printed in Japan

JCOPY 〈出版者著作権管理機構 委託出版物〉
本書の無断複写は著作権法上での例外を除き禁じられています．複写さ
れる場合は，そのつど事前に，出版者著作権管理機構（電話 03-5244-5088,
FAX 03-5244-5089, e-mail: info@jcopy.or.jp）の許諾を得てください．

国際法と憲法秩序
松田浩道 著 　　　　　　　　　　A 5 判　5000 円

憲法の理性 [増補新装版]
長谷部恭男 著 　　　　　　　　　A 5 判　3800 円

ヨーロッパ法史入門
クヌート・W・ネル 著／村上淳一 訳 　　四六判　2600 円

競争法ガイド
デビッド・ガーバー 著／白石忠志 訳 　　A 5 判　3000 円

大人になるためのリベラルアーツ
石井洋二郎＝藤垣裕子 著 　　　　　A 5 判　2900 円

続・大人になるためのリベラルアーツ
石井洋二郎＝藤垣裕子 著 　　　　　A 5 判　2900 円

高校生のための東大授業ライブ 学問への招待
東京大学教養学部 編 　　　　　　　A 5 判　1800 円

高校生のための東大授業ライブ 学問からの挑戦
東京大学教養学部 編 　　　　　　　A 5 判　1800 円

ここに表示された価格は本体価格です．御購入の
際には消費税が加算されますので御了承下さい．